허영환의

중국문화유산기행

I

중국 문화유산 기행 · I (화북지방 편)

값 10,000원

초판 발행 / 2001년 6월 30일
재판 발행 / 2002년 3월 10일

지은이 / 허영환
펴낸이 / 최석로
펴낸곳 / 서문당
주소 / 서울시 마포구 성산동 54-18호
전화 / 322-4916~8
팩스 / 322-9154
창업일자 / 1968. 12. 24
등록일자 / 2001. 1. 10
등록번호 / 제10-2093

ISBN 89-7243-175-3 03920
잘못된 책은 바꾸어 드립니다.

「이 저서는 2001년도 성신여자대학교 학술연구조성비 지원에 의하여 연구되었음」

2001년

허영환의

중국문화유산기행

I 화북지방 편

머 리 말

　인생 60년 한 바퀴를 무사히 돈 것도 다행이고, 대학교수직 정년
을 몇 해 앞두고 마무리를 어떻게 할까 고민하는 일도 아름답다고
생각한다. 어떻게 하면 가장 아름다운 여생을 보낼까를 생각하다가
30여 년을 공부하고 가르친 것을 정리하고 싶었다.

　1955년 봄 대학 1학년 때부터 제대로 배우기 시작한 중국어 · 중
국문화 · 중국역사를 정리할 생각을 하기 시작하였다. 물론 1971년
여름 타이완(臺灣 : 대만) 유학을 시작할 때부터 셈하면 벌써 30년
이란 짧지 않은 세월이 흘렀지만 나의 중국미술사와 중국문화유산
에 대한 항해는 아직도 끝나지 않았다.

　나보다 수십년 또는 수백년 전에 광활한 중국대륙(땅은 한국보다
44배 넓고, 인구는 18배 많다.)을 여행하고 좋은 여행기를 남긴 선
배들도 많았지만, 한 주제를 정하고 그 주제를 따라 온 몸으로 여행
하고, 여행기를 남긴 선배는 많지 않았다.

그런데 한 훌륭한 선배가 좋은 본보기를 보여 주었다. 시인이며 대학교수였던 허세욱 박사가 바로 그였다. 그의 최근 책「허세욱의 중국문학기행」(학고재, 2000)은 어둠 속의 등대였다.

타이완에서의 유학기간(3년)을 빼고도 그 동안 7차례를 드나들면서 중국의 박물관·미술관·고궁·능원·유적지 등 1백 곳을 더 봤으니까 잘 정리하면「허영환의 중국문화유산기행」은 충분히 몇 권의 책이 될 수 있겠다는 자신감을 갖게 되었다. 다시 가보기도 하고, 새롭게 가보기도 하고, 관계문헌이나 자료를 챙기면서 부지런히 정리하였다.

현재 중국에는 작은 시엔(縣 : 현)에 있는 문물진열소 같은 것까지 포함하여 1천5백여 박물관이 등록되어 있다.(中國博物館志, 華夏出版社, 1995) 그리고 뻬이징(北京 : 북경)에는 1백여 개소가 있다.(北京百家博物館, 知識産權出版社, 2000)

그래서 지역을 나누고 선별하기로 하였다. 크게는 황허(黃河 : 황하)유역, 양즈지앙(揚子江 : 양자강)유역, 기타 뚱뻬이(東北) 타이완(臺灣) 난부(南部) 등 지역으로 하였고, 도시로는 티엔진(天津 : 천진) 뻬이징(北京 : 북경) 시안(西安 : 서안) 난징(南京 : 남경) 상하이(上海 : 상해) 타이뻬이(臺北 : 대북) 샹캉(香港 : 홍콩) 충칭(重慶 : 중경) 청뚜(成都 : 성도) 따리엔(大連 : 대련) 썬양(瀋陽 : 심양) 치앙춘(長春 : 장춘) 등으로 하였다.

관람대상은 문화유산개념에 속하는 곳이면 다 포함시켰다. 즉 박물원·박물관·미술관·기념당·기념관·진열관·진열실·능·능원·묘·구지(舊址)·고거(故居)·궁·문물보관소·문물진열소·관(觀)·대(台)·단(壇)·원(園)·사(寺) 등이다.

관람방법은 찾아가 보기 전에 관계문헌과 자료를 찾아 보았고, 현장에서는 입장권을 반드시 사서 챙기고 안내책자나 문헌을 샀으며, 관람은 한두 시간씩 꼭 했다. 혼자서 꼼꼼하게 보면서 기록할 것은 기록하여 두었다. 안내책자와 문헌은 거의 다 지엔티즈(簡體字 : 간체자 : 한국의 약자와 비슷)로 되어 있기 때문에(때로는 영문해설도 있지만 매우 드물다.) 이 책만 들고 가면 별다른 어려움 없이 관람이 가능하도록 서술하였다.

세상만사는 아는 것만큼 보게 되고, 보고 잘 보는 것은 즐겁고 보람 있는 것이다. 특히 해외여행은 더욱 그렇다. 여행이 고행(苦行)이 되지 않도록 하기 위해서는 주제별 여행이나 도시별 여행이 좋을 것이다. 따라서 이 책은 중국역사학·중국정치학·중국미술사학·중국고고학·중국건축학·중국조경학 등에 관심이 많은 독자들에게 더 흥미로울 것이다.

끝으로 이 책이 세상에 나오기까지 격려와 도움을 준 서문당의 최석로사장과 편집부 여러분에게 감사의 말씀을 드린다. 또 PC작업과 교정을 도와준 제자 조윤정(성신여대미술사학과 박사과정)에게도 고마움을 표한다.

2001년 2월 12일

상백 허영환

중국 문화유산 기행 Ⅰ

1

중국의 역사·문화·미술

1
중국의 역사·문화·미술

960만㎢(우리나라는 22만㎢이니까 44배 더 넓다.)의 넓은 땅(북위15°에서 54°, 동경74°에서 135° 사이)에서 12억5천만 명(우리나라 인구는 7천만 명이니까 18배 더 많다.)이 살고 있는 중국(정식명칭은 쫑화런민꿍허구어(中華人民共和國 : 중화인민공화국))은 엄청나게 큰 나라이고 역사도 긴 나라이다.

중국민족을 대표하는 한쭈(漢族 : 한족)가 중국에서 살기 시작한 것은 북경인은 70만 년 전부터(중국의 주장인데 세계학설은 50만 년전이다.)이고 남전인은 110만 년 전부터(세계학설은 70만 년 전)라고 한다. 어떻든 천하, 즉 세계의 중심에 있는 나라(中國)이고, 가운데에서 빛나는 민족(中華族)이라고 자랑하는 중국인들은 몇십만 년의 구석기시대를 지낸 후 지금으로부터 6천 년 전부터는 신석기시대로 들어갔다.

신석기시대로 들어간 중국인들은 방랑단계(wandering stage)를

갑골문(은시대): 기원전 15세기경부터 거북등껍질과 쇠뼈 등에 새긴 중국에서 제일 오래된 문자인 갑골문은 은나라 서울이었던 하북성 안양지역(은허)에서 19세기말부터 발굴되기 시작했다.

끝내고 영토단계(territorial stage) 로 접어들었으며, 식량도 채집단계(gathering stage)에서 생산단계(producting stage)로 이행하게 되었다. 물론 도구도 타제석기와 마제석기시대를 거쳐 청동기 철기 도기 등의 단계를 거치면서 문화의 발전을 이루게 되었다.

중국에서는 도기(우리가 쓰는 토기라는 용어는 안 쓴다.)의 발전 정도에 따라 앙소(仰韶) 하모도(河姆渡) 대문구(大汶口) 용산(龍山) 청련강(青蓮崗) 문화기라고 부른다. 가장 오래된 빤퍼원화(半坡文化:西安市동쪽 20km지점에 있음)가 대표적인 것이라 하겠다.

물론 위의 문화들은 황하유역에서 전개된 것이지만 이 무렵보다는 조금 늦게 시작되었지만 양자강유역에서도 대계(大溪) 굴가령(屈家岑) 호북용산(湖北龍山) 문화가 있었다. 그러나 중국의 고대문명

수면 백유문대방정(상시대) :
하남성 정주에서 출토된 이 네발
달린 큰 솥에는 짐승의 얼굴 모
습과 수많은 젖꼭지 모습이 있
다. 제사용인데 높이가 1.5m나
되는 것도 있다.

은 황하유역에서 시작되었고, 그것이 선진3대(先秦3代)인 하(夏) 은
(殷 또는 商) 주(周)로 이어지고 본격적인 중국문화가 꽃피게 되었
다.

중국 최초의 왕조였던 샤(夏 : 하)는 성읍국가(城邑國家 : city
state)였다. (중국 최초의 역사책인 史記에는 夏本紀와 殷本紀가
있다.) 중국 최초의 글자인 갑골문자(甲骨文字)는 쌍(商 : 상) 왕조
때 만들어지기 시작했다고 보니까 지금으로부터 3천5백 년 전쯤부
터이다. 상나라(殷이라고 뒤에 고쳤다.)는 서기전 1550년부터 1030
년까지 520년간 계속된 나라인데 이 왕조의 유물로는 갑골문자편
(甲骨文字片)과 청동기(靑銅器)가 많이 남아 있다.

하나라가 황하중류일대에 있었다면 상나라는 황하하류지대에서 번성했던 나라인데 이 나라 사람들은 장사를 잘 했기 때문에 후대에 상업(商業) 상인(商人) 등의 말이 생기기도 하였다. 상나라때 만들어진 청동기(중국에서는 동기라고 부른다.)는 크기·모양·무늬·종류 등에서 그 이후에 만들어진 동기와 도자기 등의 모범이 되고 있다. 중국의 어느 박물관에 가도 상주시대(商周時代)의 동기는 주목을 받고 잘 전시되어 있음을 볼 수 있다. 이 때의 동기는 식기(食器) 주기(酒器) 수기(水器) 악기(樂器) 병기(兵器) 잡기(雜器) 등으로 구별되고, 각 그릇의 종류도 여러 가지여서 모두 헤아리면 수백 종류가 있다고 하겠다.

상나라가 망한 후 세워진 저우(周 : 주)는 774년간(서기전 1030-256) 계속된 봉건왕조(封建王朝)였다. 이 때부터 중국(中國) 중화(中華) 종주국(宗主國) 제후국(諸侯國) 방국(邦國) 봉국(邦國) 조공(朝貢) 중화사상(中華思想) 등의 말이 생겼고, 중국적인 법률과 제도가 만들어지기 시작하였다. 주나라의 정치중심지는 섬서성(陝西

호우제반(전한시대) : 호랑이와 소 모양을 이용하여 만든 제기인데 중국의 남쪽 운남성 강천에서 출토되었다. 청동으로 만들었는데 2천 년 전 작품이지만 매우 사실적이다.

17

무씨사화상석(후한시대) : 2세기에 축조한 무씨사당 벽에 새겨진 화상석(좌석실 제
4석)이다. 화상석은 판판한 돌에 그림을 돋을새김(양각)한 것이다.

省)일대였고, 일반적으로 전반기는 평화시기였고 후반기는 전쟁시기였다. 그래서 서주(西周, 서기전 1030-771) 동주(東周, 서기전 770-256) 춘추시대(春秋時代, 서기전 722-481) 전국시대(戰國時代, 서기전 480-222) 등으로 나누기도 한다. 공자와 맹자(孔子孟子) 등 사상가들이 활동한 시대는 춘추시대였다. 주나라 시대의 유물로는 청동기 옥기 등이 많이 남아 있다.

친(秦 : 진)은 본래 주나라의 제후국이었는데 서기전 3세기때부터 강성해지기 시작하여 다른 제후국들을 정복하고 서기전 221년에 천하를 통일하고 스스로 황제(皇帝)의 나라라 하였다. 통일 후 불과 14년(서기전 221-207)밖에 계속하지 못했지만 진시황제(秦始皇帝)는 정치 · 경제 · 사회 · 문자 등 여러 분야에서 혁명적인 개혁을 단행하였다. 지금으로부터 2천2백여 년 전에 일어났던 역사와 문물은 서안(西安) 동쪽 70km지점에 있는 진시황능과 병마용갱(兵馬俑坑) 등이 말해주고 있다.

진나라 이후의 나라는 한(漢 : 한)인데 이 한나라는 전한(前漢 또는 西漢, 서기전 202-서기후 9) 신(新 : 신, 9-23) 후한(後漢 또는 東漢, 25-220)으로 나눠 연구된다. 흥미로운 것은 중국역대왕조 명칭은 한 글자(夏 · 商 · 周 · 秦 · 漢 · 魏 · 蜀 · 吳 · 晉 · 梁 · 隋 · 唐 · 宋 · 元 · 明 · 淸 등)로 되어 있으며, 한 황조가 3백 년을 계속한 예가 없다는 점이다. 우리나라의 왕조 명칭은 두 글자(句麗 · 新羅 · 百濟 · 高麗 · 朝鮮 등)이고 한 왕조가 5백 년을 넘긴 것과는 대조적이다.

한나라는 한족(漢族) 한문(漢文) 한어(漢語) 한약(漢藥) 등의 이름

당삼채보상화문호(당시대) : 빨강·노랑·초록 등 세 가지 물감을 칠해 꽃무늬를 그린 당나라 때의 항아리인데 8세기 무렵 서안과 낙양지역에서 주로 만들었다.

청동도금용룡(육조시대) : 중국에서는 용·거북·기린 등을 숭배하는 사상이 있는데 특히 용은 뭐든지 할 수 있는 짐승·황제(왕)의 상징물, 최고의 권위물 등으로 여겼다.

으로 알 수 있듯이 영토와 문물제도에서 중국을 대표하는 나라가 되었다. 이 때에는 영토를 확장하였고(서역·조선·남월 등까지), 북쪽의 흉노를 멀리 쫓아냈었고(진나라에 이어 만리장성을 더 쌓았다.) 연호와 달력을 쓰기 시작하였고, 고시(考試)제도를 확립하였고, 태학(太學)을 설립 운영하였으며, 화폐와 전매제도 등을 개혁 실시하였다. 또 유교를 국시화(國是化)하고 불교를 받아들여 문화

용도나전능화반(원시대) : 파도를 타고 있는 용무늬
를 조개속껍질로 만들어 붙인 꽃잎 모양의 과반이다.
고려시대의 나전칠기에 많은 영향을 준 공예품이다.

와 예술발전에 기여하였다.

한나라가 망한 후 중국은 천하대란(天下大亂)시대로 접어들어 싼
구어(3國 · 蜀魏吳, 221-265)시대와 난뻬이쵸우(南北朝, 265-581)
시대 3백60년이 계속되었다. 이 때는 정치와 경제는 어지러웠지만,
문화와 예술은 자유롭게 꽃피워 빛나는 문예시대를 구가하였다. 특
히 양자강유역의 육조문화(6朝文化)는 우리나라에도 많은 영향을

주었다.

다시 천하를 통일한 쑤이(隋 : 수, 581-618)는 37년밖에 계속하지
못한 나라여서 문화유산을 남긴 것은 별로 없다. 다만 양자강의 물
을 북경까지 끌어들이기 위해 판 대운하(大運河, 또는 京杭운하)가
업적이라면 업적이겠다. 물론 화폐와 형률(刑律)의 통일도 있었다.

수나라때 태원태수(太原太守)였던 이연(李淵)이 세운 탕(唐 : 당,
618-906)은 치앙안(長安 : 장안, 지금의 西安)에 서울을 두고 대제
국을 건설한 나라였다. 당나라는 정관(貞觀, 627-649)과 개원(開
元, 713-741)연간의 부흥시대를 거치면서 발전하였지만, 안사난(安
史亂), 절도사(節度使)들의 할거, 환관(宦官)의 정권투쟁, 황소(黃
巢)의 난 등을 겪으면서 망해 갔다.

당나라 때의 각종 제도(官制 · 學制 · 考制 · 田制 · 法制 등)는 이
후의 모범이 되었기 때문에 한나라와 함께 중국을 대표하는 고대국
가가 되었다. 그래서 당지(唐紙) 당채(唐彩) 당의(唐衣) 당척(唐尺)
견당사(遣唐使) 등의 용어가 생겼다. 또 미술의 모든 분야도 이 때
부터 활발하게 발전하였고, 그림에서도 많은 화파(畵派)와 화법(畵
法)이 생겼다. 한나라 때는 화상석(畵像石)이, 당나라 때는 묘벽화
(墓壁畵)가 성행하여 좋은 유물을 많이 남겼다. 당나라 때의 미술로
는 불교미술이 탁월했는데, 특히 사찰건축 · 불상조각 · 불교회화
등이 대단하였다.

당나라가 망한 후의 우따이(5代 : 오대, 907-960)시대는 짧고(53
년간) 혼란스러운 때였다. 한 마디로 말하면 이 시대는 문학과 미술
의 만남시대였다. 특히 조각 · 공예 · 회화 · 음악 · 연극 분야에서

그랬다.

짧은 오대시대가 끝나고 등장한 쏭(宋 : 송)은 북송(北宋, 960-1126)과 남송(南宋, 1127-1279)으로 나뉜다. 이 때의 수도는 카이펑

청화누각인물도호(명시대) : 청화(코발트) 안료로 집·인물·나무·꽃 등을 그린 항아리인데 이런 청화백자기는 원시대에 만들어지기 시작하였다.

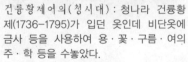

건륭황제어의(청시대) : 청나라 건륭황
제(1736-1795)가 입던 옷인데 비단옷에
금사 등을 사용하여 용·꽃·구름·여의
주·학 등을 수놓았다.

(開封 : 개봉)과 항저우(杭州 : 항주)여서 중국문화예술의 중심은 황하유역에서 양자강유역으로 옮겨갔다. 문인에 의한 중앙집권정치를 행한 송나라는 보수파와 혁신파의 대립, 북방 유목민의 잦은 침략, 관료사회의 부패 등으로 시달리다가 결국은 금(金)나라와 원(元)나라에 의해 망하고 말았다.

송나라 때는 문학과 미술이 특히 발전하였는데, 문학에서는 시부(詩賦)가, 미술에서는 조각 · 도자기 · 회화 등이 중국역사상 최고조에 달했다고 하겠다. 문학분야에서는 당송팔대가(唐宋8大家)의 작품이, 미술분야에서는 송청자기와 산수화가 대표적이었다. 특히 국립미술기관인 한림도화원(翰林圖畫院)의 발전은 괄목할 정도였다.

어떻든 송나라 때는 인구의 팽창과 남부로의 이동, 중소기업과 상업의 발전, 동남아지역으로의 대외무역신장, 문학과 예술의 발달 등으로 특징지어진다.

남송을 멸망시키고 중원(中原)을 지배한 위엔(元 : 원, 1260-1368)은 정복왕조로서 한족을 지배했기 때문에 한문화(漢文化)는 80여 년간 어둠 속에 있었다. 통치계급(몽골족)에 저항하기 어려웠던 한족의 지식계층은 문학과 예술에 힘썼기 때문에 산문과 희곡, 문인화와 사군자화가 특히 발달하였다. 도자기분야에서는 청화백자기(靑華白瓷器)가 만들어지기 시작하였다. 또 동서문화교류가 활발해짐에 따라 중국의 화약 · 지폐 · 나침반 · 인쇄술 등은 유럽으로 전해졌고, 태양력 · 수학 · 의학 · 미술 · 병기 등은 중국으로 들어왔다.

북방의 몽골족을 만리장성 북쪽으로 몰아내고 다시 한족의 나라

를 세운 밍(明 : 명)은 276년간 계속하면서 당송(唐宋)의 모든 문물
제도를 복원하고 문예를 부흥시켰다.

명나라는 황권(皇權)을 강화하면서 주현(州縣)제도를 실시하였
고, 국자감(國子監)과 한림원(翰林院)도 강화하여 학문도 발전시켰
다. 산업과 상업도 발전하여 도자업·칠기업·건축업·면방직업·
무역업 등이 성행하였다. 회화는 원파·절파·오파(院派·浙派·
吳派) 등이 등장하면서 활발하게 세력을 확장하였다. 이 시대의 그
림은 조선과 일본에도 많은 영향을 끼쳤다. 특히 남북종화론(南北宗
畵論)은 절대적인 영향을 주었다.

끝으로 최후의 황국(皇國)이었던 칭(淸 : 청, 1644-1912)은 동북
지방에서 일어난 만주족(滿洲族)의 나라였다. 268년간 계속한 청나
라 때의 정치·경제·사회·문화·예술은 그 이전시대, 특히 한당
송시대의 답습과 모방이었다고 말할 수 있겠다. 전기(前期)에 해당
하는 강희·옹정·건륭년간(1662-1795)을 지낸 후부터는 내란·
부패·외침 등에 시달리다가 한족의 혁명(辛亥革命 : 신해혁명,
1911)으로 멸망하고 말았다. 특히 아편전쟁(1840-1842) 태평천국
운동(1850-1864) 의화단사변(1900) 등은 멸망을 재촉하였다.

청나라 때 눈에 띄는 사업으로는 고금도서집성·사고전서·강희
자전·패문재서화보·24사차기 등의 간행사업이라 하겠다. 또 문
학에서는 소설이 유행하였고, 미술에서는 판화가 발전하였다.

청나라의 멸망으로 수천년간 계속되었던 군주전제정치는 끝나고
모든 분야에서 서양문명의 영향이 커지고 민주화가 시작되었다.

중국 문화유산기행 Ⅰ

티엔진(天津)의 문화유산

2

1

티엔진스

(天津史 : 천진사)

서울에서 8백km 정도 거리를 두고 서북쪽에 있는 티엔진(天津 : 천진)은 중국의 허뻬이성(河北省 : 하북성)의 항구도시다. 인구 850만 명의 천진시는 13개 구(區)와 5개 현(縣)으로 구성되어 있고, 북경 상해 중경 등과 함께 중국정부의 직할시(直轄市)이기도 하다. 또 수도인 북경과는 인접해 있으며(급행열차로 1시간 20분 걸린다.) 옛날부터 관문 역할도 하고 있는 곳이다.

한족·회족·조선족·만주족·몽고족 등이 살고 있는 천진의 역사는 2천3백여 년이나 되는데 몇 개 단계로 나눠 살펴 볼 수 있다. 즉 선진양한(先秦兩漢)단계, 위진남북조수당(魏晉南北朝隋唐)단계, 요송금원(遼宋金元)단계, 명청(明淸)단계, 민국(民國)단계, 해방이후(解放以後)단계 등이다.

발해만(渤海灣)에 접하고 있는 천진은 바닷고기를 잡고 바다소금을 만드는 작은 어촌으로 시작하였다. 전국(戰國)시대였다. 한나라

30

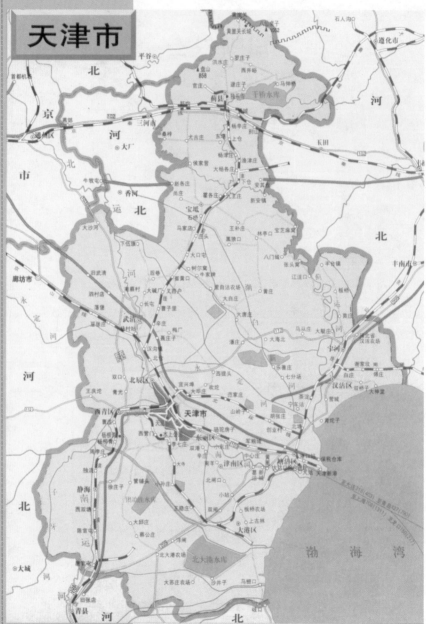

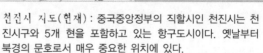

천진시 지도(현재) : 중국중앙정부의 직할시인 천진시는 천진시구와 5개 현을 포함하고 있는 항구도시이다. 옛날부터 북경의 문호로서 매우 중요한 위치에 있다.

때는 발해군에 속하였다. 수나라와 당나라 때는 해운(海運)의 발달로 천진항은 급속히 성장하였다. 특히 고구려침공 때 군인과 물자를 요동반도 쪽으로 수송하는 기지역할을 하였다. 당나라 때의 석관묘(石棺墓)가 최근 발굴되기도 하였다.

금나라 때부터 서울인 이엔징(燕京 : 연경, 北京)에 남방으로부터의 많은 곡물수송이 필요하게 되어 천진항(이 때 이름은 直沽)은 더욱 커졌다. 원나라 때는 이름을 해진진(海津鎭)으로 고쳤다. 명나라 때부터는 북경의 해방전선(海防前線)으로서 군사기지역할을 더하게 되었다. 따라서 민치(民治)는 지방정부가 했지만 군치(軍治)는 북경의 중앙정부에서 직접 했다.

청나라 때부터는 병참기지(兵站基地)보다는 상품집산지(商品集散地) 역할을 더하기 시작하였다. 특히 청나라 말기부터는 남쪽의 복건성 광동성 상인들이 많이 와서 장사를 했다. 지금도 천진에는 그들이 세운 광동회관이 남아 있다.(천진희극박물관이라고도 한다.)

천진(天津)이라는 말은 1720년대 청나라 옹정제(雍正帝)때 천진현이 설치되면서 생겼는데, 천자가 사는 곳의 진이라는 뜻이다. 천진은 아편전쟁 후 체결된 남경조약(1842)에 의해 대외개방이 시작되었고, 1860년의 북경조약에 의해 상항(商港)으로 정식 개항되었다. 1900년 의화단(義和團)사건으로 천진에는 영국 · 미국 · 프랑스 · 독일 · 일본 · 이태리 · 러시아 · 오스트리아 등의 조계(租界)가 생겨 반식민지가 되었다.

1919년에서 1948년까지의 민국단계의 천진은 외세(外勢)가 판치

천진시 고문화가(현재) : 천진에는 서울의 인사동, 북경의 유리창 같은 옛문화의 흔적이 많이 남아 있는 곳이 있다. 고문화가라고 하는데 길이가 1km나 된다.

는 곳이었으나 1949년 해방(중화인민공화국이 수립된 것을 해방이라 부른다.) 이후부터는 도시재정비사업이 계속되어 대도시로서의 면모를 갖추게 되었다. 운하가 개설되었고, 조백하(潮白河) · 영정하(永定河) · 해하(海河) 등이 준설되어 만성적인 수재도 예방하게 되었다. 또 신항(新港)도 만들어 대항구도시로서 손색이 없게 하였다. 물론 동서남북으로 통하는 철도도 많이 부설하였다.

천진국제공항(天津機場)의 규모는 작은 편이지만 국제선과 국내선 비행기들이 쉼없이 이착륙할 수 있다. 서울 천진간은 1시간 30분 걸린다.

저우은라이·떵잉초우지니엔꽌
(周恩來·鄧穎超紀念館 : 주은래·등영초기념관)

청나라 전기(前期) 양저우(揚州)지방에서 작품활동을 한 양저우 화파이(揚州畵派 : 양주화파)에 관한 학술논문을 쓰기 위하여 양저우·난징(南京 : 남경)·샹하이(上海 : 상해) 지방을 1주일간 여행하고 떠나는 날(1999년 2월 3일) 나는 샹하이수디엔(上海書店)에서 몇 권의 책을 샀다.

그 책 가운데는 저우은라이촨(周恩來傳, 전4권, 20×14cm, 2천1백60쪽, 98위엔, 中共中央文獻硏究會 편저, 1998년 2월 발행)도 있었다. 퉁니엔(童年 : 동년, 어린시절) 짜이뚱베이(在東北 : 재동북, 동북〈만주〉에서) 난카이쉬에쇼우(南開學校 : 남개학교) 등으로부터 시작하여 쭈이하오더르쯔(最後的日子 : 최후적일자, 마지막 날)까지 모두 73장으로 구성된 주은래전이었다.

대학과 대학원에서 중국현대사와 중국공산당사 등을 배웠기 때문에 나는 마오쩌뚱(毛澤東 : 모택동, 1893-1976)과 주은래(1898-

1976) 등을 잘 알고 있었고, 주은래를 아주 좋아하고 있었다. 그래서 2천 쪽이 넘는 이 책을 며칠 만에 다 읽었다. 그는 1935년 이후 중국공산당에서, 그리고 1949년 이후 중화인민공화국에서 모택동 다음으로 중요한 인물이었다. 역사가들은 그를 제2인자라고 하지만 나는 정치가(모)와 행정가(주), 주석(모)과 총리(주), 사상가(모)와 외교가(주)로서 역할을 분담하였을 뿐 결코 권력서열 제2인자는 아니었다고 주장하고 싶다. 주은래는 모택동과 50여 년간 고락(苦樂)을 함께 하고 국가건설에 몸바쳤지만, 그는 국가와 민족을 더 사랑하고 충성하고, 존경하였기 때문이다. 1974년 10월 병든 몸으로 국경일행사에 참석한 그는 『내 몸은 역사의 무대에 던져진 만큼 나는 이 역사적 임무를 완성해야 한다.』고 말하기도 했다.

탁월한 행정가(22년간 국무원총리겸 외교부장이었다.)였으며, 영어·불어·독일어·일본어 등 외국어를 잘 했던 주은래는 잘 생긴 미남이었지만 10대 사춘기 때부터 사귀다가 27세(1925년 8월) 때 결혼한 후 51년간 떵잉초우(鄧穎超 : 등영초, 1904-1992)와 함께 한 쌍의 원앙처럼 살았던 결혼모범생이기도 하였다.

문자 그대로 다사다난(多事多難)했던 중국현대사의 한가운데에서 어떤 상황에서도 얼음 같은 냉정함과 뜨거운 성실함을 한 번도 잃지 않은 공인(公人)의 자세를 보였던 그는 어느 면에서는 모택동보다 더 12억 인민의 가슴속에 살아남아 있다고 하겠다.

이런 이유 때문에 나는 2000년 7월과 8월 27일간의 중국문화유산기행 중 첫날 첫 방문을 티엔진(天津)에 있는(南開區 水上公園路) 저우은라이·떵잉초우지니엔꽌(周恩來·鄧穎超紀念館)으로

주은래 등영초기념관(현재) : 1998년 봄에 신축이전 개관한 주은래와 등영초기념관은 중국에 있는 유일한 부부기념관이다. 그들은 부부이면서 혁명동지였다.

주은래 등영초기념관 안 벽화와 대리석상(현재) : 이 기념관은 천진시의 아름다운 수상공원 북쪽에 있는데 대지면적은 6ha, 건축면적은 7천1백㎡이다. 대리석상은 50대시절의 모습이다.

주은래 등영초의 화강암 안상(현재) : 2000년 7월에 사진 찍은 이 화강암 안상(얼굴모습)은 청소년시절 천진에서 공부할 때의 모습을 사실적으로 조각한 것이다.

하였다. 2000년 7월 1일 하오 3시 30분이었다.

　잘 정돈되고 넓은 대지(6ha)에 중국전통건축양식과 서양건축양식을 절충하여 지은 큼직한 철근콘크리트건물(7천1백50㎡)은 매우 인상적이었다. 정남향에 3층이었다. 2년 전까지는 이 기념관의 이름과 위치는 지금과는 달랐다. 이곳으로 신축이전(1998.2.28)하면서 명칭과 규모를 바꾼 것이다.

　이 기념관은 1998년초까지는 남개구 남개4마로 20호에 있었고, 명칭도 주은래동지청년시대재진혁명활동기념관(周恩來同志靑年時代在津革命活動紀念館)이었다. 개관은 1976년에 주은래가 사망했지만 1978년 3월 5일 탄생 80주년 기념일에 했다. 기념관의 크기는 952㎡였다. 진열된 유물은 사진·문헌·실물·도표·편지·책상과 걸상·참고품 등을 중학시대(1913.8-1917.6) 일본유학시기(1917.9-1919.4) 5·4시기(1919.5-1920.7) 유럽여행시기(1920.11-1924.7) 등 4분야로 나눠 전시되었다. 소장유물은 4백여점이었다.

　새로 세워진 기념관은 이름과 규모만 달라진 것이 아니라 전시품도 달라졌다. 그 내용은 대략 다음과 같다.

　瞻仰廳(첨앙청) 生平廳(생평청) 情懷廳(정회청) 影視廳(영시청) 多功能廳(다공능청) 硏究中心(연구중심) 文物庫(문물고) 貴賓廳(귀빈청) 기타(관장실·사무실·도서실 등) 등으로 구성되었다.

　첨앙청은 우러러보는 전시실이라 하겠는데, 이 전시실에 들어서면 정면에 주은래와 등영초의 50대 모습을 새긴 백옥조소상이 서 있다. 이름은 情滿江山(정만강산)이다. 『조국과 인민에 대한 정이

주은래와 등영초의 결혼초 모습(1926년) : 1925년에 결혼한 이 부부는 51년간 잉꼬부부로서, 혁명동지로서 모범을 보이면서 살았다. 죽은 후 화장한 유해는 천진의 강물에 뿌려졌다.

강과 산에 가득하다.」는 뜻이다. 배경은 산·바다·구름 등을 상서롭게 직조한 대형벽화(海岡雲舒)로 장식했다. 웅장·화려·섬세하다.

생평청은 일생의 모습을 전시한 방이다. 모두 9개 부분으로 나눠졌다. 風彩(풍채) 追求眞理(추구진리) 拯救中華(증구중화) 總理國務(총리국무) 領導歸運(영도귀운) 力挽狂瀾(역만광란) 繼承偉業(계승위업) 英靈永駐(영령영주) 遺愿化宏圖(유원화굉도) 등이다. 이 생평청에서는 生平廳陳列介紹(생평청진열개소)라는 작은 책(48쪽)이 있어 주은래와 등영초의 일생과 남긴 뜻을 자세히 밝히고 있다. 물론 간체자로 씌어 있어 모르면 읽기가 쉽지 않다.

또 기념관 안에는 주은래가 타고 다니던 총리전용의 승용차가 전시되어 있고, 기념관 밖에는 총리전용 비행기가 있다. 그리고 그 뒤에는 주은래와 등영초의 청년시대 대형 화강암조상이 있다. 20대 모습이다.

최신식 전시방법을 채택하고, 풍부한 자료를 활용한 (각종 영상과 컴퓨터를 이용하여) 기념관을 약 2시간 관람하고 나온 나는 여러 가지 감회에 잠겼다. 기온도 섭씨 38도였다. 무더웠다.

사실 주은래를 더 잘 알려면 천진뿐만 아니라 북경·남경·서안·상해·심양·소흥·광주 등 여러 곳에 있는 여러 가지 형태의 기념관을 찾아가 보아야 하고, 그에 관해 쓴 수십 권의 책을 읽어야 한다. 그래야 주은래 전문가가 될 수 있는 것이다. 왜 그래야 할까. 주은래 개인과 중국현대사 그리고 그가 남긴 위대한 업적을 알고 이해하기 위해서이다. 우리 한국에 주은래 전문가가 있으면 결국은

우리나라에 도움이 되기 때문이다.

메모

주소 : 천진시 남개구 수상공원로

전화 : 23529242

우편번호 : 300191

입장료 : 10원(성인)

휴관 : 월요일 · 춘절(음력 1월1일)

3
티엔진쯔란뽀우꽌
(天津自然博物館 : 천진자연박물관)

　한국에서는 자연사박물관이라 하지만 중국에서는 자연박물관이라 한다. 우리나라에는 국립이나 도립(또는 시립)의 자연사박물관이 하나도 없지만(1999년 현재) 중국의 자연박물관은 여러 곳에 있다. 즉 천진·북경·상해·장춘·항주·중경 등 약 10곳에 있다. 이 가운데 구관 옆에 신관을 짓고 1998년 10월에 개관한 티엔진쯔란뽀우꽌(天津自然博物館)이 제일 좋다. 시설과 전시방법이 최신식이다. 입장료는 제일 비싸지만 그만큼 기분도 좋고 볼 것도 많다.

　천진자연박물관은 1914년 프랑스 생물학자에 의해 시작되었다. 1952년에는 천진시인민과학관이라 했다가 1957년부터 천진자연박물관이라 불렀다. 천진시 문화국 소속이었다. 전시물은 고생물진열·동물진열·식물전람·진희동물전람 등 4분야로 나눴다. 그리고 1957년부터 30년 동안 아동건강과 식품영양전람·나비전람·에이즈병예방지식전람·남극고찰전람·청춘기교육전람 등 많은 특별전을 열기도 하였다.

1만2천㎡나 되는 신관에는 동물표본(26만여 점)·식물표본(10만 점)·광물표본(38만 점)·고생물표본·고인류화석표본·암석표본 등이 소장·전시되어 있다.

참관권(참관표·문표 등이라고도 한다.)을 사 가지고 안으로 들어가면 서청(序廳)이 된다. 안내양들이 안내해 주기도 하고, 자동안내 이어폰을 빌려주기도 한다. 그리고 벽에는 자연과 인류의 역사를 보여주는 대형 동판벽화가 있다. 실내는 냉방시설이 잘 되어 시원하다.

계속 보면서 들어가면 고생물 1·2청이 나온다. 대략 2억5천만 년 전부터 6천5백만 년 전까지 계속된 중생동물들의 표본과 화석들이 전시되어 있고, 해설판도 벽에 붙어 있다. 전시장은 거의 다 곡선으로 되어 있어 부드러운 동선을 이루고 있다. 전시표본들은 모두 중국 각지에서 발굴·채집된 것이다.

수생생물청은 물 속에서 사는 생물들을 실물대로 전시하고 있는

천진자연박물관 입장권 : 2000년 7월 2일에 산 이 입장권(중국에서는 참관권이라 함)에는 입장료·위치·전화번호·입장권번호·인터넷주소·관람시간·교통편 등이 인쇄되어 있다.

천진자연박물관 중생대실 입구 : 중국에서는 자연사 박물관을 자연박물관이라 한다. 천진자연박물관은 대련자연박물관과 함께 크고 깨끗하고 진열을 잘 한 곳이다.

곳이어서 살아 움직이고 있다. 방학중인 어린 학생들이 부모와 함께, 또는 단체로 와서 흥미롭게 관람하고 있다.

물과 뭍 양쪽을 오가며 사는 동물을 보여 주는 양서파행동물청(兩栖爬行動物廳)은 조금은 무섭다. 살아 있는 뱀들의 산지·습성·특징들을 볼 수 있도록 전시했다. 동물들의 냄새도 심한 편이다.

동물생태청에는 1백40여 종의 동물이 있다. 살아있는 것과 죽은 것이 잘 배합 전시되어 있다. 진열장마다 한 쪽에는 중국어와 영어로 된 설명문도 있다.

곤충청은 대자연 속에서 자유롭게 사는 작은 동물인 곤충들의 많고 화려한 모습을 보여주는 곳이다. 지구 위에는 1백만 종류의 곤충(동물 종류의 4분의 3)이 있다고 안내문에 씌어 있다. 화려하고 앙증스럽게 생긴 곤충들은 신기로운 매력을 풍긴다.

천진자연박물관 고생물실 : 중국의 자연박물관은 대도시에는 거의 다 있다. 진열내용은 중국유물 중심이며 중국의 역사와 유물을 자랑하는 쪽으로 하고 있다.

천진자연박물관 해조류실 : 실물·영상·사진·도표 등을 이용한 전시는 매우 합리적인데 조개껍질을 매달아 전시하여 더욱 입체감을 주고 있다.

해양패류청에는 조개들도 많다. 진열장의 안과 밖에, 천장에 수많은 조개(산 것과 죽은 것 등)가 있다. 3층의 해양패류청과 곤충청 사이에는 영상교육청도 있어 교육효과를 높이고 있다. 시설이 훌륭하다.

다 본 후의 소감은 역시 부러움뿐이었다. 우리나라에는 없는 것이었기 때문이었다.

메모
주소 : 천진시 하서구 마장도 206호
전화 : 23351895-2046
입장료 : 25원(성인)
휴관 : 연중무휴

4
티엔진스이수뽀꽌
(天津市藝術博物館 : 천진시예술박물관)

천진시예술박물관을 찾아간 것은 7월2일 오전 11시였다. 해방전 프랑스 조계(租界) 안에 프랑스 건축가가 프랑스은행으로 지은 3층 건물이었다. 80여 년이나 되었지만 겉모습은 아름다웠다. 건물 자체가 역사유물이었으나 찾는 사람이 적어 택시기사도 위치를 잘 몰랐다. 참관권도 단 5원이었다. 아마도 중국의 많은 박물관·미술관·유적지 가운데에서 제일 싼 값일 것이다. 참관권의 크기도 제일 작았다. 그만큼 을씨년스러웠다. 그러나 안내를 맡은 중년의 학예원은 친절했다. 중국어가 잘 통해서였을까. 건물이 낡았다면서 2002년에는 새로 짓는 번듯한 신관으로 이사를 간다고 몇 번이나 말했다. 나는 그 말을 믿었다. 중국은 지금 날로 변하고 발전하고 있기 때문이다. 그것도 느리게가 아니라 크고 빠르게 변하고 있기 때문이다. 참으로 중국은 눈부시도록 빨리 변하고 있다. 두려울 만큼———.

천진시예술박물관이 개관한 것은 1957년이었다. 건물은 옛 건물이었지만 가로명과 주소는 바뀌었다. 화평구 해방로 77호. 반세기동안 외세에 얽매어 있다가 해방되어 화평을 얻었다는 뜻일 것이다. 현판은 문학가며 서예가였던 곽말약(郭沫若 : 꾸어머루, 1892-1978)이 썼다.

진열은 크게 3부분으로 나눠 하고 있다. 1층은 서화전람청이다. 고서화를 상시 전시하기도 하고, 고서화특별전이나 현대작가의 작품전도 기획전시실에서 연다. 그동안 소장서화정품전 · 천진서화3백년전 · 역대부녀서화가작품전 · 송원명청인물화전 · 명유민화가작품전 · 청대화조화전 · 양주화파작품전 · 장대천화전 등을 열었다. 장대천(張大千 : 장따치엔, 1899-1983)의 많은 작품이 상설 전시되고 있어서 즐거운 안복(眼福)을 누렸다. 그의 작품은 타이완(臺灣)의 고궁박물원에도 많이 소장되어 있어 30년 전에 눈이 아프도록 본 적이 있다.

또 이곳 천진시예술박물관이 자랑하는 옛 그림으로는 10세기 북송초화가 판관(范寬 : 범관)의 설경한림도(눈 내리는 겨울풍경 그림)와 명나라때 화가 지우잉(仇英 : 구영, 1509-1552)의 도원선경도(신선들이 노니는 절경 그림) 등이 있다. 중국회화사를 전공한 필자에게는 너무나 행복한 만남이었다.

2층은 천진의 민간예술품을 주로 전시하였다. 내용은 니런장(泥人張 : 니인장)의 채소(彩塑)인형 · 양류칭(楊柳靑)의 연화(年畵) · 천진풍쟁(風箏) · 각전(刻磚) · 전지(剪紙) 등이다.

가장 민족적인 것이 세계적이라는 말이 있듯이 이곳에는 가장 천

천진시예술박물관 : 천진시의 옛 프랑스조계에 있는 이 예술
박물관은 프랑스 건축가가 설계하여 지은 건물이다. 3층인데
내부는 화려하지만 1백 년 이상 되어 많이 낡았다.

진적인 것이 있어 좋았다. 그래서 이곳을 천진문물관(天津文物館)이라면서 자랑을 한다. 특히 니런장은 진흙을 빚어 인형(陶俑)을 만들고 채색을 잘한 청나라말기의 천진 출신 장밍산(張明山)을 말하는데 그의 많은 작품과 아들·손자·증손자 등 5대의 작품까지 한 방에 진열(총140여 점)되어 있어 보기에 좋았다. 천진 예술의 자랑이었다.

또 천진의 민속화를 대표하는 양류칭연화(목판화)도 좋았다. 천진이 자랑하는 시내의 고문화가(古文化街)에는 1958년에 문을 연 천진양류청화사(天津楊柳靑畵社)도 있었다. 무더운 여름 한낮이었는데도 손님들로 가득한 모습을 나는 어제 본 적이 있었기 때문에 이 예술박물관에서 보는 그의 3백 년이나 되는 민속화·세화·화첩·자화(字畵) 등이 더 잘 보여졌다. 아는 것만큼 보인다는 뜻이다.

3층은 비교적 학술성과 예술성이 강한 소장품을 진열하는 곳이

천진시예술박물관 서화실 : 서화실의 전시작품은 수준이 높으나 진열장과 진열방법이 구태의연하다. 2003년에는 신축중인 새건물로 이사간다고 했다.

48

천진시예술박물관에 있는 구영의 도원선경
도 : 명나라 4대 화가 중의 하나였던 구영이
그린 도원선경도(16세기 중엽). 화려한 채색과
섬세한 묘사가 돋보이는 산수인물도이다.

천진시예술박물관에 있는 범관의 설경한림
도 : 북송초 화가 범관의 설경한림도(10세기말
엽)는 화북지방의 눈이 많이 온 겨울산 모습을
대담한 구도와 화법으로 그린 명작이다.

다. 도자기 · 옥기 · 청동기 · 인보 등이 진열되어 있다. 물론 진열장
이나 진열방법은 낡았지만 유물은 좋았다. 옥기 즉 옥제품은 2천여
점, 도자기는 3천여 점, 인보(印寶 : 도장)는 2천여 점 등이 자랑거
리다.

　이 많은 문화유산들이 하루빨리 새 전시관과 새로운 진열방법으
로 화려하게 전시된다면 얼마나 좋을까를 생각하면서 밖으로 나왔
다. 전시장도 더웠지만 밖은 더 더웠다.

```
┌─────────────────────────────────────────┐
│                   메 모                   │
├─────────────────────────────────────────┤
│  주소 :천진시 화평구 해방로 77호              │
│  전화 : 39-1497 · 2484 · 1127             │
│  우편번호 : 300041                         │
│  입장료 :5원                               │
│  휴관 : 월요일                             │
└─────────────────────────────────────────┘
```

5
티엔진시쮜뽀우꽌

(天津戱劇博物館 : 천진희극박물관)

이번 중국문화유산기행 가운데 가장 어렵게 찾아간 곳이 천진희극박물관이었다. 중국전통극을 공연하는 곳인데 중학교(中山中學) 교정 안에 있어서 더욱 찾기가 어려웠다. 주변은 빈민가였고, 건물은 몹시 낡았다. 내부는 그런대로 괜찮았다. 1907년, 청나라가 망하기(1911) 4년 전에 천진에 와서 장사를 하던 꽝둥(廣東) 객상(客商)들이 서로 모여 의논하고 즐기려고 세운 회관(廣東會館)이었다. 1912년 8월 쑨원(孫文 : 손문, 1866-1925)이 이곳에서 강연을 하기도 한 명소였다. 또 주은래의 부인 등영초(鄧穎超, 1904-1992)가 어린 소녀시절(1920년대초) 이 광동회관에서 혁명기금을 모집하기 위해 각오사(覺悟社)를 조직하고 연극활동을 하기도 하였다. 그래서 이 광동회관의 현판은 등영초가 쓴 것이다.

전통 경극(京劇)과 현대극을 개관 이후 꾸준히 공연하였는데 메이란팡(梅蘭芳) 양쇼우러우(楊小樓) 등 유명배우들이 이곳 무대에 섰

參觀券

天津戲劇博物館
鄧穎超

地址: 中國天津市南開區南門裏
大街 31 號（原廣東會館）
電話: 27273443 27356475
票价:

副

券

천진희극박물관 입장권 : 중국에서는 연극을 희극이라 한
다. 1907년에 천진에서 돈을 번 광동사람들이 중국 전통극
장 건축양식대로 지은 건물이다. 글씨는 등영초가 썼다.

天津戏剧博物馆

天津戏剧博物馆座落在天津市南开区南门内大街31号，（邮政编码 300090，电话25．5017，25．3443），该馆成立于1986年，馆址为原广东会馆。

广东会馆于1907年建成，主要筹款人为广东人、清天津海关道唐绍仪。会馆是在津的广东客商议事，宴集和娱乐的场所。1912年8月24日孙中山先生北上路经天津时，同盟会燕支部曾在广东会馆召开欢迎大会。孙中山先生在会馆内戏楼舞台上发表了"我中国四万万同胞同心协力，何难称雄世界"的著名演说。1919年"五四运动"时期，邓颖超等"觉悟社"爱国志士也曾利用广东会馆舞台宣传革命，进行募捐义演。1925年"五卅运动"期间，天津地下党组织印刷、纺织、海员、油漆等20余个工会在广东会馆成立了天津市总工会。广东会馆作为革命先辈活动的重要场所，因此也是一处值得纪念的革命遗址。会馆的戏台则一直是国内著名京剧、昆剧表演艺术家的重要演出场所，如孙菊仙、杨小楼、梅兰芳、尚小云、荀慧生、龚云甫等均曾在此献艺。

解放前夕由于广东省商锐减，经费短缺，楼台年年失修，已渐衰败。新中国成立后，1962年广东会馆被定为市级文物保护单位，对原建筑进行了必要的维修。1985年在市政府的大力支持下，对会馆又进行了全面的修缮，并根据会馆的特色，于1986年建成天津戏剧博物馆。

原广东会馆初建时共占地23亩。会馆门前耸立一青砖照壁（现已拆除），建筑群体包括拜神议事的厅堂，供娱乐、集会的剧场及邻近的一些附属建筑。门厅为砖石结构，硬山墙，两端山墙前成岭南地区常见的阶梯墙，上下五级，称做"五岳朝天"，与北方的屋脊溶为一体，风格独特。门厅正中悬挂"广东会馆"匾额。大门内置镂空木雕屏风。步入四合院内，正厅额下挂有"岭澳重和"，寓示岭南粤海与渤海之滨民众的和睦关系。院内环接通幽，巡回避日，活动方便，也颇具南国风情。正厅后面过一天井即为戏楼。

戏楼为会馆的主体建筑，它是我国目前保存下来的最为完整的古典式戏楼。戏楼从平面挂问布局和屋顶来看，似为一座四层楼的四合院。它座南朝北，南房为戏楼后台，面阔五间，上下两层。前台为日中望戏神楼，古时供人演出时都要供奉礼神界，两侧留放演出使用的衣箱。楼上则是演员化妆室，舞台是戏楼的中心，由南向北伸出，台口宽8．6米，进深7．5米。舞台天幕位置镶嵌"天官赐福"镂空木雕，使人一望顿感吉庆气氛，从两旁障无底情趣。舞台顶藻井是一个玲珑剔透、金碧辉煌的螺旋状回音罩，由数以百计的异形斗拱组成。它将舞台上的声响汇拢，再由不同角度折射到场内各个角落，既拢音又传声，独具匠心。为使尖抗式演并外观情美，工匠又将舞台上部设计成垂花门楼，配以隔角门窗。而后采用悬臂结构从两侧用两根向内栏杆将它吊挂在额枋上，舞台台口不设支柱，不影响观众视线。两根悬杆如用木雕花罩连接，外观秀美，天衣无缝，会使后人惊叹不已。整个剧场可容纳、五百人，二楼设15个包厢，容二百余观众。采用的是抬梁、穿斗混合结构，用两根平行的跨空枋和一根额枋为主梁，构成一组大木架，净跨度长达20米，中间也不设立柱。这在我国目前保存下来的古代建筑中，其梁枋用材和殿堂空间跨度，是十分罕见的。奇异卓绝的建筑配以梁柱上的精湛木雕艺术，使这座艺术官殿熠熠生辉。1991年广东会馆被评为全国优秀近代建筑。

馆内除古典式剧场这一重点展区外，还有《天津戏剧发展史陈列》。陈列展览共分三个展室，主要展当天津自建卫以来，传统文化氛围的形成，潜话促使天津戏剧文化兼融南北，繁荣发达的渊源及天津主要剧种京剧、评剧、河北梆子、话剧的发展过程，其中包括许多著名艺人的演出剧照、戏单；天津戏剧、班社、票房的活动情况等实物资料，使人们对传统文化的产生、发展及现状有一个全面的认识。除此以外，我们几年来还组织了"全国戏剧名家书画展"、"全国戏剧剪纸展"、"北方戏剧文物展"等20余个专题和临时性展览，对艺术界、戏剧界有较大影响。为了突破原有的陈列展览形式，1992年我馆又推出"津沽忆闽堂会戏复原展演"这一动态展演形式，生动再现了清末民国初年旧剧场演出时的情景，取得了良好效果。

馆内共设有陈列保管部、群工部、办公室等业务部门，业务人员主要从事天津戏剧发展史料的搜集、整理和研究工作；对北方有影响的剧种的发展史研究也正在展开。馆内收藏有关戏剧方面的文物及藏品四千余件，其中包括早期戏剧艺人的演出手抄本，著名京剧艺术大师梅兰芳、尚小云等人的书画珍品，马连良等艺术家的演出服装，清宫升平署藏戏装及道具等。我馆全年开放。（每周一闭馆）周二至周日上午九时至下午四时接待观众。全年观众人数在2万人左右。

戏剧博物馆为旅游者服务，在馆内设有"戏博画廊"，展销戏剧艺术品，博物馆简介及旅游纪念品等。

천진희극박물관 소개서 : 건물의 역사, 이곳에서 연극이나 강연을 한 사람(등영초, 손문 등), 건물의 문화재적 가치, 이곳에서 열린 특별전 등의 행사를 잘 소개하고 있다.

다. 나도 무대에 올라가 관중석을 향해 말을 해봤다. 무대 위 천정은 방음시설이 잘 되어 있었고, 관중석은 화려하면서 잘 꾸며졌다. 구경하면서 음식을 먹는 식탁과 의자 등은 좋은 자단목으로 만들어져 백 년이나 되었지만 튼튼했다. 내부시설과 집기 등은 1985년에 전면적으로 보수되었고, 광동회관도 1986년부터 천진희극박물관이 되었다. 이때 현판도 등영초가 다시 썼다. 82세의 할머니가 쓴 것이다.

연극이 공연되는 희루(戲樓 : 무대)는 현재 중국에 남아 있는 가장 완벽한 고전식 무대인데 사합원식(4合院式)으로 되어 있다. 무대 크기는 남북 7.5m, 동서 8.6m. 중국에서 전통고전양식으로 지은 극장과 무대를 보려면 꼭 천진의 이 광동회관과 북경의 호광회관(湖廣會館)을 가야 한다. 그래서 나는 두 곳을 아주 자세히 살펴보고 자료를 챙겼다.

객석은 1·2층으로 되어 있고 5백여 명이 음식을 먹으면서 연극을 볼 수 있다. 2층까지 올라가 보았다. 객석 가운데는 기둥이 없어서 시원스럽게 확 트였다. 가장자리의 기둥에는 아름다운 전통조각이 새겨져 있다. 그래서 1991년에는 중국우수근대건축물로 지정되기도 하였다. 그리고 극장의 동쪽에는 천진희극발전사 진열실이 있고, 진열장에는 4천여 점이나 되는 각종 자료가 있다. 또 이곳에서는 그동안 전국희극명가서화전·전국희극전지(剪紙)전·북방희극문물전 등 20개 전시회가 열리기도 하였다.

심한 더위와 고약한 냄새로 살펴보기 힘든 이 드라마센터(이런 외래어를 중국사람은 안 쓰지만)를 나오면서 한국에서처럼 중국에서도 옛것을 잊어가고 있는 것이 마음 아팠다.

메 모

주소 : 천진시 남개구 남문내 대가 31호

전화 : 27273443, 27356475

우편번호 : 300090

입장료 : 4원

휴관 : 월요일

중국 문화유산기행 Ⅰ

3

베이징(北京)의 문화유산

1
삐이징스

(北京史 : 북경사)

삐이징의 남서쪽 룽쿠산(龍骨山)에 있는 저우커우디엔(周口店)에서 20-70만 년 전부터 살던 원시인류를 삐이징런(北京人)이라고 한다. 여기서 살던 사람들은 신석기시대(1만 년 전-4천 년 전)에는 오늘의 북경시구(市區) 쪽으로 가까이 와서 살았는데, 이 시대의 유적지는 차오양(朝陽) 펑타이(豊台) 쓰징산(石景山) 팡산(房山) 하이띵(海淀) 창핑(昌平) 쭝관춘(中關村) 등에 많이 남아 있다. 이곳에서는 석기·토기 등이 많이 발굴되고 있다.

시엔친(先秦)시대인 샤쌍저우(夏商周, 기원전 2천 년 전-기원전 221년)시대의 삐이징은 활발한 문화활동이 전개된 곳이어서 철기·동기·도기 등이 지금도 많이 발굴되고 있다. 특히 옌(燕)이 기원전 9세기경에 이곳에 자리잡게 되면서 삐이징은 옌징(燕京)이라 부르게 되었다. 옌나라의 주무대는 지금의 삐이징 남서쪽 팡산구(房山區)지역이었는데 이곳에서는 많은 동기·도전(刀錢)·도기 등이 발굴되고 있다.

친한우따이(秦漢5代)시대의 뻬이징은 류저우(幽州)였는데 화북 일대의 정치·군사·경제·문화중심지가 되었다. 2000년말까지 발굴작업이 끝날 쓰징산구(石景山區) 한묘(漢墓)에서도 많은 부장 품이 출토되었다. 시내에서 더 가까운 펑타이구(豊台區)에서는 화 상석(畵像石) 옥벽(玉璧) 등도 출토되었다.

랴오(遼)시대에는 난징(南京), 뻬이숭(北宋)시대에는 옌산푸(燕山 府), 진(金)시대에는 중뚜(中都)라 한 뻬이징은 더욱 커졌다. 이때 (12세기) 만든 루꺼우챠오(盧溝橋)는 길고 아름다운 돌다리로 지금 도 남아 있다. 이 시대의 불교사찰과 도교도관도 많이 남아 있다.

위엔(元)시대에는 따뚜(大都)라 했는데, 황제들은 황궁과 도성(都 城)을 크게 확장했다. 전세계(13세기)에서 제일 크고 화려한 국제도 시가 된 뻬이징의 모습은 중국에서 17년간 산 마르코폴로에 의해 서방세계에 알려지기도(1300년대 초) 하였다. 대도시로서 상업활동 이 활발하여 성안에는 전문저자인 시(市)가 30곳(米市·緞子市· 皮毛市·帽子市·鵝鴨市·珠子市·鐵市·羊市·牛馬市·駱駝 市·人市 등) 이상 있었다. 물론 이 시대에는 몽골족과 색목인(色目 人)만 내성(內城) 안에서 살았고, 한족은 외성과 교외에서 살았다.

유라시아대륙을 지배한 원제국의 강성함 때문에 뻬이징에는 세계 각국의 인종과 문물이 모였고, 종교도 이슬람교와 카톨릭교까지 유 입되었다. 동서문화교류가 가장 활발했던 시대가 바로 이때(13-14 세기)였을 것이다.

밍(明)시대(1368-1644)는 오늘의 뻬이징 모습을 완성한 시대라

북경시 지도(현재) : 중국의 수도이며 중앙정부의 직할시인
북경시는 북경시구와 6개 현을 포함하고 있다. 인구는 1천1백
만 명이며 전통문화유산이 풍부한 대도시다.

北京市

자금성 주변 : 명·청시대 황궁이었던 자금성(현재의 고궁박물원)과 그 주변의 모습이다. 멀리 백탑과 북해공원이 보이는 북경의 중심지역이다.

할 수 있다. 특히 융러(永樂) 원년(1403)부터 北平을 北京이라 고치고 대대적으로 수도건설사업을 착공하였다. 강남에서 뻬이징까지의 대운하도 다시 통하게 하여 식량수송문제를 해결하였다.

명대 북경시가는 방정평직형(方正平直形)으로 완성되었고, 성내외에는 모두 16개의 문이 있었다. 폭 24보의 대가(大街)는 30여 개나 되었고, 좁은 길인 호동(胡同)은 1천여 개나 있었다. 또 사원(寺院)도 1천 개소가 넘었다. 13명 황제의 능묘는 모두 서북쪽 창핑(昌平) 천수산(天壽山) 아래에 있다.

칭(淸)시대(1644-1911)의 뻬이징은 만주족이 지배하는 도시가 되었다. 자금성 앞의 승천문(承天門)은 천안문(天安門)으로, 대명문

(大明門)은 대청문(大淸門)으로 이름이 바뀌었다. 그리고 만주귀족과 팔기병은 내성안과 기지(旗地) 안에서 살면서 권세를 부렸다. 청나라의 번성기는 강희 · 옹정 · 건륭시대(1662-1795) 130여 년간이었는데 이때를 중국문화의 마지막 황금시대라 한다.

중국역사상 元에 이어 두번째의 정복왕조였던 淸도 아편전쟁(1840-1842) 태평천국난(1850-1864) 의화단사변(1900) 등을 겪은 후 1911년 10월의 신해혁명으로 망하고 말았다. 그리고 중화민국이 성립되었고, 황권(皇權)시대는 민권(民權)시대로 바뀌었다.

중화민국(中華民國)시기(1912-1949)의 뻬이징은 끊임없는 소요와 전란시대였다. 위엔스카이(袁世凱)의 반혁명난동(1913) · 54운동(1919) · 군벌들의 혼전(混戰, 1922) · 쑨중산병서(孫中山病逝,

북경의 자전거 물결 : 북경에는 1천만 대의 자전거가 있을 정도로 자전거는 자동차와 함께 중국에서는 아직도 중요한 교통수단이 되고 있다. 북경역 앞의 모습이다.

북경 천안문광장 : 10만 평 이상이나 되는 세계 최대의 광장이다. 인민영웅기념비
(왼쪽)와 그 뒤의 인민대회당, 천안문(오른쪽) 등이 보인다.

모주석기념당 앞 조각상 :
천안문광장 남쪽에 있는 모
주석기념당(1977년 건립) 앞
에 있는 인민해방기념조각상
은 사회주의 리얼리즘 기법
에 의해 만들어졌다.

1925) · 공산당의 민선(民先)운동(1936) · 일본군의 침공(1937) · 인민해방군의 입성(1949. 1) 등이다.

중화인민공화국의 성립(1949. 10. 1)은 뻬이징을 거대도시와 국제도시로 만들었다. 시구(市區)는 넓어지고, 인구도 폭증했다. 그리고 행정구역과 가로의 명칭도 달라졌다. 정치 · 경제 · 사회 · 문화 등 전 분야가 자본주의체제에서 사회주의체제로 바뀜에 따라 모든 것이 변했다.

티엔안먼(天安門)과 쩡양먼(正陽門) 사이에 있던 관청들(宗人府 · 吏部 · 戶部 · 禮部 · 工部 · 兵部 · 刑部 등)은 1910년대부터 헐리기 시작하여 1950년대초까지는 완전히 철거 정리되었다. 따라서 20만 평에 가까운 천안문 앞광장이 형성되었다. 이 광장에서는 54운동(1919) · 문화혁명기간(1966-1976)의 홍위병물결 · 학생들의 자유화운동으로 인한 천안문사태(1989) 등이 일어나기도 하였다. 지금은 인민영웅기념비와 모주석(毛主席)기념당이 중국의 상징처럼 자리잡고 있다.

11개 구(區)와 6개 현(縣)으로 이뤄진 북경시 행정구역의 넓이는 서울의 4배쯤 넓고, 인구는 1,200만 명 정도다. 지하철은 단선(單線)만 있지만 대중교통수단은 편리하다. 공항(首都機場)은 김포공항의 10배쯤 넓고 깨끗하다. 주택도 아파트단지가 조성되면서 현대화가 빠르게 진행되고 있다. 생활수준도 개혁개방선언(1979) 이후 크게 향상되었다.

사회와 문화는 1년에 1천만 명씩 들어오는 외국관광객의 영향으로 흔들리고 있다. 전통사회와 문화의 특징은 사라져 가고 젊은이들은 서양화하고 있다. 노랑머리 · 짧은 바지 · 배꼽티 · 록뮤직 · 이동전화(手機) · 이어폰 등이 거리를 휩쓸고 있다. 물론 세대간의 갈등과 마찰도 심화되고 있다.

북경은 달라지고 있었다. 2000년 8월에 본 북경은 1년 전 모습과 달랐다. 무섭도록 빨리 변하고 있었다. 이제 만만디(慢慢的)는 사라지고 콰이콰이디(快快的)만 있었다. 그리고 모든 인민은 샹치엔칸(向錢看 : 돈을 바라보아라.)만 하고 있었다.

2
빠따링
(八達嶺 : 팔달령)

빠따링 또는 빠따링치앙청(八達嶺長城)이라고 하는 곳은 북경 중심지에서 서북쪽 70km지점에 있다. 사방팔방이 다 보이는 산마루라는 뜻을 가진 만리장성의 중요부분이고, 이곳에는 거용관(居庸關)이라는 큰 관문이 있는데 북경외곽방어의 중요요새가 되는 곳이

팔달령 입장권 : 팔달령은 팔달령 장성이라고도 하는데 북경의 북쪽 연경현에 있다. 1368년에서 1620년까지 18차례에 걸쳐 수축하였다. 평균높이는 7.8m이다.

팔달령장성 : 유네스
코 지정 세계문화유
산으로서의 만리장성
(또는 장성)은 팔달
령 · 가곡관 · 거용
관 · 금산령 · 사마
대 · 황애관 · 산해관
장성 등을 포함한다.

여름의 장성 :
만리장성은 길림
성 · 요령성 · 하
북성 · 산서성 ·
하남성 · 섬서
성 · 감숙성 등을
거치면서 6만여
㎞에 뻗쳐있는
중국문화유산의
상징이기도 하다.

다. 천안문 앞에서 간다면 서성구(西城區) 해정구(海淀區) 창평현
(昌平縣)을 지나 연경현(延慶縣 : 북경시정부소속)에 있는 이곳으로
가야 한다. 길은 고속도로가 잘 뚫려 있다.

세계 8대기적 가운데 하나이며, 세계에서 제일 긴 성인 만리장성
은 전국시대(기원전 3백 년 전후)부터 위 · 연 · 진(魏 · 燕 · 秦) 등

장성의 수축 : 기원전 4세기 전국시대부터 쌓기 시작하여 2천여 년 동안 쌓고 고치고 했지만 무너져 있는 곳도 많다. 가장 잘 수축·보존된 곳은 팔달령장성이다.

여러 나라에서 쌓기 시작했다. 자국의 방어와 북방유목민족의 침략을 방어하기 위해서였다. 진의 천하통일(기원전 221) 이후에는 각국의 장성을 이어 길게 하는 동시에 더 쌓았다. 이후 한·제·주·수·당·명 등 여러 나라도 축성사업을 계속하여 동쪽의 산해관(山海關)에서 서쪽의 가욕관(嘉峪關)까지 이어지게 되었다. 전장(全長)

1만2천7백km이다. 현재의 만리장성은 명대(明代)에 완성된 것이라 할만큼 명의 황제들(특히 明 成祖)은 열심히 쌓고 고쳤다. 팔달령에 있는 거용관도 이때 완성된 것이다.

만리장성은 그 북쪽의 유목민족지역과 남쪽의 농경민족지역을 구분하는 선이기도 하다. 그만큼 민족도 달랐고 생존방식도 달랐다. 그러나 지금은 달라졌다. 농경민족과 유목민족의 전투지역은 관광지역이 되었고, 중국민족의 위대한 역사유산이 되었다. 팔달령과 거용관 부근의 장성은 만리장성의 대표라 할 만큼 험한 곳에 만들어진 성이다. 장성은 돌과 벽돌로 쌓았는데 평균높이 7.8m, 폭 5.8m이다. 일정한 간격으로 요망공(瞭望孔) 사격안(射擊眼) 보루(堡壘) 잠대(墻台) 봉화대(烽火台) 등이 있다.

팔달령 꼭대기에서 내려다보면 이 거용관은 화북평원에서 몽골고원으로 가는 유일한 협곡관문임을 알 수 있다. 지금도 북경의 외곽 방어군사기지역할을 하고 있다. 그리고 이 일대는 잘 보존된 장성과 거용관뿐만 아니라 경치가 좋아서 북경 8경(景) 중의 하나가 되고 있다. 입구 매표소에서 30위엔(元)짜리 표를 산 후 에스컬레이터 같은 활도(滑道)를 타고 어느정도 올라가서 다시 한참을 걸어 올라가면 더 이상 가지 못하게 하는 곳이 있다. 거기서 사방팔방을 둘러보면서 땀을 닦는다. 중국민족의 인내심 · 토목건축기술 · 유구한 역사를 보면서 땀을 닦는다.

팔달령 아래 입구 동쪽 건너편에는 현대식으로 지은 중국장성박물관이 있다. 장성의 역사와 현재의 상태를 주제로 한 박물관이다. 진열실은 역대장성 · 명대장성 · 장성정전(征戰) · 경제문화교류 ·

민족예술보고 등 8개 부분으로 나눠져 있다. 유물은 만리장성 지역에서 출토된 문물과 표본들이다. 물론 문헌자료·사진·모형·비디오·오디오시설 등이 보조역할을 하고 있다. 유네스코가 지정한 세계문화유산증서도 잘 전시되어 있다. 2000년 현재 중국에는 세계문화유산이 25개소가 있는데 이곳 만리장성은 첫번째로 지정된 곳이다.

　팔달령·거용관·장성박물관 등을 보고 북경으로 돌아오는 길에 꼭 봐야 할 곳이 지앙링(長陵 : 장릉)이다.

메모

주소 : 북경시 팔달령 특구내
전화 : 69121890
입장료 : 30원(성인)
휴관 : 연중무휴

3
지앙링
(長陵 : 장릉)

명조(明朝, 1368-1644, 276년간)에는 재위황제가 16명이었으나 능은 18기(基, 추존인 祖陵과 皇陵 포함)가 있다. 이 가운데 북경 시내 서북쪽 창평현(昌平縣) 천수산(天壽山)에만 13기가 있어 보통 명 13릉이라 한다. 그리고 이 13릉 중 영락 문황제(永樂 文皇帝, 1403-1424)의 능을 지앙링(長陵 : 장릉)이라 하는데 13릉 가운데 제일 크다(넓이 12만㎡). 13릉은 1409년부터 만들기 시작하여 나라가 망할 때(1644)까지 계속되었다.

13릉 중 황제가 살아 있을 때 만든 것은 장릉(長陵, 永樂帝, 5년 걸림) 영릉(永陵, 嘉靖帝, 13년 걸림) 정릉(定陵, 萬曆帝, 6년 걸림) 등이다. 능구(陵區) 범위 안에는 비자묘·태자묘·비자합장묘(妃子墓·太子墓·妃子合葬墓) 등이 있다. 기타 부속 건물로는 행궁·능원·사제서·신공감·재생정·신마방·구룡지·경적정·선인동·위병소 등이 있다. 능을 지키는 위병이 제일 많았을 때는 3만7

장릉 : 명나라 황제릉은 모두 18개 있고, 이 가운데 13개가 북경에 있기 때문에 명 13릉이라 한다. 장릉은 영락황제릉으로 북경 창평현 천수산 아래에 있다.

정릉 지하실 : 북경 창평현 천수산 아래에 있는 정릉은 만력황제릉인데 지하실(지궁)이 크고 웅장하며 각종 부장품이 많아 박물관을 이루고 있다.

천6백여 명이나 되었다.

　일반적으로 능 입구에서 봉분까지 일직선상에는 석비방·대궁문·비정·화표·석비·석수·석인 등이 좌우로 대열을 지어 서 있다. 이것이 신도(神道)인데 보통 2km이상이다. 묘역은 천원지방형(天圓地方形)이다.

　13릉 중 박물관이 있는 곳은 장릉·소릉·정릉 3곳인데 정릉에는 지하궁전까지 있어서 볼거리가 많다. 따라서 13릉 중 장릉과 정릉만 보아도 괜찮다. 필자도 이 두 곳만 보았다.

명 13릉 : 북경 서북쪽 천수산 아래 명당에는 엄청나게 큰 능이 13개나 있어 팔달령 장성을 보고 돌아오는 길에 두세 곳을 볼 수 있을 뿐이다.

장릉은 북경시 창평현 천수산의 주봉 아래에 있다. 명태조 주원장 (朱元璋)의 넷째 아들이며, 제3대 황제였던 성조(成祖, 永樂帝)와 황후 서씨와의 합장묘다. 영락황제는 정치와 경제를 안정·발전시 키고, 영락대전(大典)을 간행하고, 세계 30여 개국과도 외교관계를 맺는 등 22년간 통치를 잘 한 황제였다.

13릉 중 제일 먼저 만들었고, 규모가 제일 크고, 보존이 제일 잘 된 장릉은 1409년부터 시작하여 1424년에 성조재궁(成祖梓宮)이 되고, 1427년에 제사전인 능은전이 완공되었다. 신도(神道) 남쪽의 대비루(大碑樓) 안에는 大明長陵神功經德碑가 서 있고, 신도를 따라 올라가면 양쪽에 사자 · 해표 · 낙타 · 코끼리 · 기린 · 말 등 6종류의 석수(石獸) 24마리가 마주 보고 서 있다. 또 이어서 무장(武將)과 문신(文臣)이 서 있다. 석패방(石牌坊)에서 능궁문(陵宮門)까지는 7.3km이다.

장릉에서 제일 크고 볼 만한 곳은 황색 기와지붕을 한 능은전(棱恩殿)이다. 전면 9간, 측면 5간, 즉 45간(1천9백56㎡)이나 되는 큰 건물(북경 고궁의 태화전 크기와 같다.)이다. 지름이 1m이상 되는 남목거주(楠木巨柱) 32개가 받치고 있다.(제일 큰 기둥의 높이는 14m나 된다.) 웅장한 이 건물은 명초(明初) 정치 · 경제 · 문화의 상징이기도 하다. 가로 세로 65m와 28m나 되는 큰 건물 안은 어두웠고, 가운데에는 영락황제의 진신청동좌상이 있다. 그위 천장에는 여의주를 가지고 노는 쌍룡도가 그려져 있다.

이 능은전은 본래 제사를 지내는 곳이었기 때문에 향전(享殿)이라고도 했다. 그런데 지금은 장릉박물관으로 쓰고 있다. 유물(정릉출토문물과 어용직조자수품 등)은 세 벽에 설치한 진열장 안에 전시(180여 점)되어 있다. 되도록 위대하게, 장엄하게, 화려하게 만들었던 황제들의 거대(巨大)사상에 숨이 막힐 것만 같다. 땅이 크고 넓으니까 궁궐도 크게, 능도 크게 만들고 싶었을 것이다. 땅도 좁고 백성도 적었다면 일본인처럼 축소지향형이 되었을 것이다.

전시된 유물 가운데에는 금대야도 있는데 무게가 80량이나 된다. 옥기와 자기도 작은 것은 없다. 모두 다 크고 화려하다. 거대성 · 대칭성 · 화려성 · 섬세성 등으로 특징지어지는 중국미술의 특징을 여

기서도 확인하게 된다.

남쪽 광동성에서 온 젊은이에게 소감이 어떠냐고 물으니까 『웨이따더 쭝구어, 쭝구어런, 쭝구어원화(偉大的 中國, 中國人, 中國文化).』라면서 웃는다. 자랑스러운 모습이다. 지금은 국내여행이 자유로워져서 꽝둥이나 썬양 등 먼 곳에서도 많은 관광객(연평균 180만명)이 온다. 한국말을 하는 관광객도 있다. 그런데 그들 중 대부분은 유물만 간단히 보고 만다. 간체자(簡體字)로 쓴 설명문이나 영어로 쓴 것은 읽지도 않는다. 다 알고 있다는 듯이 지나치고 만다. 안타까운 일이다. 또 어떤 단체는 조선족 안내원의 간단한 설명만 듣고 만다.

진지한 태도로 자세히 보고 읽고 적고 사진을 찍으면서 다녀야겠다. 기념사진만 찍으면 다일까. 정해진 관광상품점에 가서 물건만 사면 다일까. 고쳐야겠다. 하나라도 알고 배우려는 자세여야 하겠다.

메모

주소 : 13릉 특구내
전화 : 69761406
입장료 : 25원(성인)
휴관 : 연중무휴

4
뻬이징꾸다이지엔즈뽀우꽌
(北京古代建築博物館 : 북경고대건축박물관)

중국고대건축의 특징은 나무(木材)를 손질하여 만든 기둥과 보로 구성되는 골조식(骨組式)이라는 점이다. 이것이 가장 중요한 기본 원칙이다. 이런 원칙이 만들어진 것은 목재도 많았지만 중국은 지진권에 속하는 나라였기 때문이다. 그리고 집(주택·사원·궁궐 등)을 지을 때는 다음과 같은 평면원칙을 반드시 지켰다.

1. 주위를 벽(담장)으로 둘러싼다.

2. 중축선을 지니고 건물을 가운데와 좌우로 배치한다.

3. 남북방향을 유지하면서 건물의 대소를 조화시킨다.

4. 반드시 중정(中庭)을 지니고 있다.

이런 원칙은 수없이 발굴되고 있는 고대(한·당대) 가형명기(家型明器, 흙으로 빚어 만든 집 모양으로 무덤 안에서 나옴)·현존하는 크고 작은 개인주택(四合院)·옛 무덤벽에 그린 그림(宮闕圖)·북경의 옹화궁(雍和宮) 같은 사원과 천단(天壇)·북경의 자금성(紫禁

북경고대건축박물관 입장권 : 북경 시내 남쪽에 있는 고대건축박물관은 옛날 선농단 안에 있기 때문에 박물관 이름을 대면 잘 모르고 선농단이라고 해야 안다. 입장료는 10원이다.

城) 같은 궁궐 등에서 볼 수 있다.

또 이런 원칙과 전통은 열정적인 황제와 건축가들에 의해 유지 발전되었다. 필자는 그것을 확인하기 위하여 이 고대건축박물관을 찾은 것이다. 그리고 보면 볼수록, 알면 알수록 즐거웠다.

중국의 문화유산을 찾아다녀 보면 전국 어디에나 명의 영락황제(1402-1424)와 청의 건륭황제(1736-1795)의 업적을 확인하게 된다. 영락은 아버지 태조에게 반기를 들고 황위찬탈 후 수도도 남경에서 북경으로 옮겼고, 22년간 통치하면서 나라의 기초를 튼튼히 하였다. 건륭은 할아버지(강희황제)보다 1년 모자라는 59년간 통치하면서 그보다 3백여 년 전 영락황제가 했던 것처럼 통치하여 중화문화의 황금기를 이뤘다.

중국고대건축의 발전역사를 연구하고, 전통건축기술을 계승하며, 그와 관련된 문화와 지식을 선양보급하고 있는 북경고대건축박물관은 북경 시내의 남쪽 선농단(先農壇 : 시엔농탄) 안에 있다.

명의 영락18년(1420)에 세워진 선농단은 580여 년 동안 명청 황제들이 선농제신(諸神)에게 제사를 지내고 전례(典禮)를 지내던 곳이다. 이곳의 동쪽에는 천단(天壇 : 티엔탄)이 있으니까 여기는 지단(地壇 : 띠탄)인 셈이다. 이 박물관 구내에는 선농단·태세전·신주·신창·구복전·관경대·경성궁 등이 남아 있다. 수백년씩 된 고건축물 안에 이런 박물관을 설립(1991. 9)하게 된 것은 저명한 고건축전문가인 나철문(羅哲文) 같은 선각자가 있었기 때문이다. 입구에 있는 관명(館名)도 그가 쓴 것이다.

선농단은 3단 석축(石築)으로 된 오픈스페이스이다. 비교적 잘 보존되어 있다. 백색대리석으로 단을 쌓았고 바닥은 전돌을 깔았다.

풍우교 모형 : 이곳 고대건축박물관 안에는 각종 건축물의 모형이 많은데 이 풍우교 모형과 비운루모형·융복사조정(원상) 등이 유명하다. 모두 배전 안에 있다.

화려 섬세한 단대(壇台)라 하겠다.

태세전(太歲殿)은 이곳에서 제일 크고 웅장한 목조건물이다. 전면 7간이나 되는 전형적인 명대관식(明代官式) 건물이다. 동·서·남쪽에 작은 부속건물도 거느리고 있다.

구복전(具服殿)은 황제가 친경(親耕)을 하기 전에 옷을 갈아입는 전각인데 관경대(觀耕台)의 북쪽에 있다. 고대(高台)위에 지은 전면 5간 집이다. 유리 기와지붕의 아름다운 집이다.

관경대는 태세전의 동남쪽에 있는데 음력 2월 해일(亥日)에 황제가 농신(農神)에게 제사 지낸 후 이곳에 올라와 대신과 농부들이 밭을 가는 모습을 보는 곳이다. 처음에는 목조였는데 건륭19년(1754)

태세전 : 천단은 천신에게, 선농단은 지신에게 제사지내던 곳이기 때문에 이 고대 건축박물관에는 각종 건축물이 많다. 태세전은 두번째로 큰 고건축물이다.

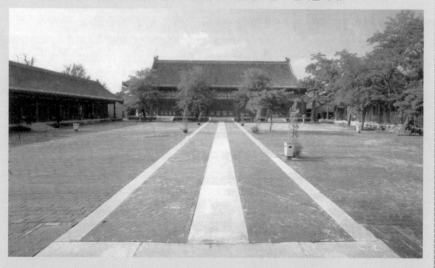

에 유리전석(石) 구조로 고쳤다.

신창(神倉)은 가을에 추수한 곡물을 넣어두는 창고다. 신주(神廚)는 제사용 짐승을 잡아 요리하는 주방이다. 경성궁(慶成宮)은 제사 지낼 때 황제가 잠자던 제궁(齊宮)이었으나 건륭20년(1755) 이후부터는 관리들의 숙소로 쓰였다.

북경고대건축박물관의 진열내용은 8개 부분으로 되어 있다. 즉 중국전통건축개항·성시(城市)·궁전·단묘(壇廟)건축·종교건축·민거(民居)·원림(園林)·능묘 등이다. 물론 각부분별로 변화·발전·규모·공예 등의 특색을 잘 보여주고 있다.

중국고대건축양식을 시대별로 보면 한대의 고졸(古拙)·당대의 웅대(雄大)·송대의 기려(綺麗)·원대의 자유(自由)·명청대의 규범(規範)이라 하겠다. 또 지역별로 보면 화북의 웅혼(雄渾)·강남의 전아(典雅)·촉중의 박진(朴眞)이라 하겠다.

이 박물관에서 볼 만한 것(태세전 안의 전시품 1백여 점 가운데)은 융복사대전조정(隆福寺大殿藻井)과 1949년 북경구성(舊城) 모형이다. 융복사조정은 1976년 지진 때 무너져 내린 것을 복원한 것이다. 전체 모양은 외원내방(外圓內方)이어서 동전 같은데, 원정(圓井)은 삼중천궁누각(3重天宮樓閣)으로 되어 있고, 위에서 아래로 처져 마치 우산처럼 생겼다. 그리고 가운데 방정(方井) 주변에는 누각·무녀·인물 등을 정교하게 색칠하여 그렸다. 무엇보다 가장 진귀한 것은 조정의 중심에 천문성상도(天文星象圖, 지름2m)가 그려져 있는 점이다. 별자리는 하얗게 그리고 이름을 적었다. 따라서 이 조정은 고대건축기술뿐만 아니라 천문학까지 연구할 수 있는 귀중한 자료가 되고 있다.

1949년 북경 구성모형은 108개 모형단위를 조립하여 만든(1950) 것으로 크기는 92㎡(가로세로 9.9m)다. 중화인민공화국이 건국되던 해 수도 북경의 주요건물·도로·원림·민가·공원 등을 상세히 모형으로 재현하였다. 태세전의 동쪽 상단의 중앙에 자리잡고 있는 이 모형을 한 바퀴 돌면서 구경한 필자의 감회는 『역사는 창조적 인간이 만들어 간다.』는 사실을 확인하는 것이었다. 그리고 중국인들의 창조력, 중국고대건축의 유구한 역사, 중국의 현란한 문화유산을 확인하는 것이었다.

안 내

주소 : 선무구 동경로 21호(선농단)
전화 : 63172150 · 63045608
우편번호 : 100050
입장료 : 10원(성인)
휴관 : 월요일

85

옹정황제 궁경적전도 : 청나라 옹정황제가 선농단에 와서 선농신에게 제사지내는 모습을 사실적으로 자세하게 묘사한 그림이다. 이런 행사는 명·청시대에 가장 많이 했다.

뻬이징쯔란뽀우꽌

(北京自然博物館 : 북경자연박물관)

중화인민공화국의 건국 10년 후에 신축개관(1959. 10. 1)한 북경 자연박물관은 숭문구(崇文區)에 있는데 천단(天壇) 옆에 있다. 북경 에는 2000년 1월 현재 110개의 박물관·미술관·기념관·궁·진 열관 등이 있는데 제일 많은 곳은 동성구(21개)이고, 제일 적은 곳 은 통주구(1개)이다. 숭문구에는 3개가 있다. 북경은 11개 구와 6개 현으로 되어 있다.

3층 현대식건물이지만 40여 년이나 되어 약간 낡았고 진열방 식도 구식이었다. 천진의 첨단식 자연박물관을 보아서 그럴까. 어떻든 건축면적은 1만8천3백㎡이고, 전시실면적은 3천6백㎡ 나 되었다. 진열은 10만여 소장품을 동물·식물·고생물·인류 등 4분야로 나눠 하였다. 또 특별진열실이 있어 매년 특별전을 열고 있다. 개관 이래의 특별전 가운데 눈에 띄는 것은 중국자 연보호전람·열대어전·호랑이전·원숭이전·중국화석예술

북경자연박물관 입장권 : 연중 무휴일로 개방하고 있는
북경자연박물관은 지하 1층·지상 2층의 서양식 건물인데
40여 년이나 되어 낡았고 진열방법도 구식이다.

北京
自然博物馆

参观券

№ 0276304

¥15元

地址 : 天桥南大街126号
邮编 : 100050

북경자연박물관 : 북경자연박물관은 10만여 소장품을
동물·식물·고생물·인류 등 네 분야로 나눠 전시하고
있다. 소장품은 많으나 대련자연박물관보다는 못하다.

전 · 곰고양이전 등이다.

동물진열은 발육순서에 따라 살아있는 것 · 죽은 것(박제) · 표본 · 모형 · 사진 등으로 하고 있다. 또 단세포에서 다세포로, 수생에서 육생으로, 간단한 것에서 복잡한 변화과정으로, 상호연관관계로 나눴다. 물론 무척추동물과 척추동물, 양서류 · 파충류 · 조류 · 포유류 등으로도 나눠 전시했다. 관람객의 대부분이 어린이이므로 재미있게 전시한 점이 좋았다.

식물진열은 원핵생물 · 진핵생물 · 과자식물 · 피자식물 · 현생식물 · 통과식물(화석) 등으로 나눠 하였다. 무엇보다 식물의 진화가 동물과 인류의 생존에 미치는 영향을 강조하였다. 숲속의 짐승과 곤충들, 여러 가지 소리들이 어울려 내는 자연의 조화를 잘 보여주고 있다.

고생물진열은 많은 종류의 화석표본으로 하였다. 특히 척추동물의 진화과정을(수생에서 육생으로, 변온에서 항온으로, 난생(卵生)에서 태생(胎生)으로의 변화 · 진화과정) 잘 보여주고 있다. 물론 많은 도표와 사진이 있어 관람효과를 높이고 있다. 그리고 커다란 공룡과 포유동물의 박제품은 흥미를 더해주고 있다.

인류진열은 인간의 탄생에서 죽음까지 10개월의 과정을 생생하게 보여주고 있다. 6개 분야를 58개 진열장에 넣은 표본으로 전시하였다. 3백 장이 넘는 사진과 8백 장이 넘는 그림이 이해를 도왔다. 남녀의 성기 · 4주된 태아 · 8개월된 태아 · 출생직후의 신생아 · 청년 · 중년 · 노년의 인간 등을 알콜병 속에 넣어 전시하고 있는 진열실을 나오면서 생동하는 인간사를 본 느낌을 받았다. 여름

방학 중이어서 학생관람객(연평균 총관람객은 60여만 명)으로 전시
장은 넘쳤다.

박물관

주소 : 숭문구 천교남대가 126호
전화 : 67024431
우편번호 : 100050
입장료 : 15원(성인)
휴관 : 연중무휴

6
꾸궁뽀우위엔
(故宮博物院 : 고궁박물원)

중국에서 박물원은 박물관보다 규모도 크고 중요문물도 많은 곳을 뜻하며, 2천 곳에 이르는 박물관(박물원·박물관·미술관·예술관·기념관·전람관 등을 포함) 가운데 박물원은 뻬이징(北京)과 타이베이(台北) 두 곳에 있는 고궁박물원과 난징(南京) 허난(河南) 썬양(瀋陽) 샤먼(夏門) 떵펑(登封) 등에 있는 여섯 곳이다.

북경에 있는 것은 고궁박물원이라 하고 대북에 있는 것은 국립고궁박물원이라 한다. 대북에 있는 것은 장개석의 국민당정부가 1949년 모택동의 공산당에 밀려 대만으로 철수하면서 가지고 온 북경고궁박물원의 유물(50여만 점)을 기초로 하여 다시 세운 것이다. 즉 대북 북쪽 사림구(士林區) 양명산(陽明山) 아래에 3층 건물을 새로 짓고(1959), 개관한 것이다. 필자는 이곳에서 3년간(1971-1973) 유학생으로 중국미술사를 배웠기 때문에 꾸궁(故宮 : 중국인들은 꾸궁뽀우위엔을 간단히 꾸궁이라 부른다.)의 역사와 유물에 대해서는

자금성(고궁박물원) : 북경 중심지역에 있는 명·청시대 황궁이었던 자금성은 고궁
박물원으로 변했지만 옛 모습은 그대로이다. 유네스코가 지정한 세계문화유산이다.

태화전 : 자금성(고궁)의 중심부에 있는 태화전은 중국에서 제일 큰 목조건축물이다.
황제의 신변안전을 위해 주위에는 나무 한 그루도 없다.

금동사자 : 고궁박물원의 건청문 앞에 있는 이 금동사자는 청나라 때 작품인데 암수
두 마리가 포효하는 모습이다. 잡귀를 쫓는 벽사신 역할을 한다.

잘 알고 있다.

그러나 북경의 꾸궁은 2000년 7월과 8월에 두 번 가본 것이 처음이다. 타이베이의 꾸궁이 산 아래에 새로 지은 철근콘크리트건물이라면 뻬이징의 꾸궁은 시내 중심에 있는 580년이나 된 자금성의 목조건물이라는 점이 다르다. 물론 규모·시설·유물 등이 다르다. 타이베이의 꾸궁은 다음 기회에 소개하기로 하고 오늘은 뻬이징의 꾸궁만 자세히 하겠다.

명(明, 1368-1644)·청(淸, 1644-1911) 두 나라의 황궁이었던 자금성(紫禁城) 전체를 1925년 10월 10일부터 고궁박물원(故宮博物院 : 이 명칭과 현판글씨는 孫文이 짓고 쓴 것이다.)이라 하였다. 전체 넓이는 22만 평(72만㎡)이고, 건물은 9천9백99간(현재는 8천여 간만 남았다. 약 15만㎡)이며, 높은 담의 둘레는 남북 1천m에 동서 7백50m이다. 이 자금성 밖은 폭 52m의 통자하(筒子河, 해자)가 둘러싸고 있다. 그러니까 남문(午門) 북문(神武門) 동문(東華門) 서문(西華門)을 통하지 않고는 이 궁궐 안으로 들어갈 수는 없다. 넓은 (폭 52m) 해자(垓字)와 높은(9m) 담을 뛰어 넘을 수는 없는 것이다.

다시 한번 이 지역을 설명하면 다음과 같다. 천안문(天安門) 남쪽에 서서 북쪽을 바라보면 정양문(正陽門, 속칭 前門, 1439년 건립)이 있다. 이 문은 남북 108m, 동서 88.6m, 높이 42m의 큰 문인데 본래는 옹성(甕城)으로 둘러싸여 있었는데 헐려 없어졌고(1920년대 초), 그 옹성자리는 큰길이 되어 있다. 이 정양문과 천안문 사이, 중국역사박물관과 인민대회당 사이는 청이 망할 때까지 호부·이

부 · 형부(戶部 · 吏部 · 刑部) 등 수많은 정부관아가 있던 곳이다. 넓이는 40ha(남북 880m, 동서 500m). 그러니까 이 모든 구식 목조건물을 다 철거한 후 새로운 정부청사도 짓고, 모주석기념당과 인민영웅기념비(높이33m)도 세운 것이다. 그리고도 남은 땅이 천안문 앞광장(1백만 명이 모일 수 있는)이 된 것이다.

천안문에서 북쪽을 바라보면 왼쪽이 중산공원(본래는 사직)이 있고, 오른쪽에 노동인민문화궁(본래는 종묘)이 있다. 이 두 곳을 1949년 이후 일반에 개방한 것이다. 천안문 안으로 들어가면 오문(午門, 높이 35.6m)이 있다. 이 오문이 자금성의 정문인 남문이니까 고궁의 영역은 여기서부터 시작하여 1천m 북쪽의 북문인 신무문에서 끝난다. 고궁 입장권은 오문의 좌우에 있는 매표소에서 산다. 물론 매표소는 북쪽 신무문 앞에도 있다.

고궁의 성잠(城墻) 네 모퉁이에는 각각 각루(角樓)도 있다. 서울 경복궁 동쪽에 있는 동십자각 같은 것이다. 이 각루들은 모두 3층누각이다. 오문을 통과할 때도 황제만 가운데 통로로 들어가고 관리들은 좌우통로로 들어갔다. 오문에는 5개 통로(5洞)가 있기 때문이다. 오문을 지나 안으로 들어가면 내금수하(內金水河)가 있고 그 위에 5개의 백대리석 다리가 있다. 아름답게 굽은 내금수하는 옥대하(玉帶河)라고도 하는데 이 물은 자금성의 방화수(防火水)로도 쓰였다. 그리고 오문 · 옥대하 · 태화문(太和門) 사이 넓은 뜰(약 1만 평)을 태화문광장이라고도 한다. 황제는 이 태화문 앞에 모인 관리들로부터 조배(朝拜)를 받고 정사(政事)를 처리하였다.

태화문을 지나 안으로(북쪽으로) 가면 3층중첩의 「工」字 모양으

구룡벽 : 청나라 건륭황제 때인 1773년에 만든 이 구룡벽의 길이는 31m나 된다. 도
자기로 조립하여 만든 이 구룡벽은 황극문 앞에 있으며 황권의 상징이다.

양심전 내부 : 청나라 건륭황제 때 지은 양심전은 2백여 년이나 되었지만 그때 그
모습으로 갖가지 기물이 전시되어 있는 화려한 건물이다.

돌 해시계 : 태화전 앞 동쪽 석대 위에 있는 돌로 만든 해시계(일구)인데 북경의 위도가 북위 40도이기 때문에 40도 각도로 기울어져 있다.

로 쌓은 단계(丹陛, 높이 8.1m) 위에 태화·중화·보화(太和·中和·保和) 3대전(大殿)이 있다. 소위 자금성의 핵심건축물로 외조(外朝) 3대전이라고도 한다. 또 이 외조구역에는 나무가 한 그루도 없다. 황제의 신변보호를 위해 심지 않은 것이다.

태화전은 자금성에서 제일 큰 건물(동서 64m, 남북 38m, 높이 35.5m, 총면적 2천3백㎡)이면서 또 중국에서 제일 큰 목조건축물이다. 이곳에서는 황제즉위식·황후책립식·대혼례식·명절연회·장군출정식·칙령공포·외국사신 접견 등 중요행사가 열렸다. 태화전 안은 온통 황금색과 홍색 등으로 화려하게 칠해졌고, 가운데 북쪽에는 7급 고대(高台, 높이 2m) 위에 보좌가 있다. 거대·화려·섬세·대칭 등 중국미의 극치를 볼 수 있다. 금룡으로 장식한 보좌와 그 뒤의 병풍 등이 눈부시다.

태화전 뒤의 중화전은 전후좌우 5간씩의 방형전(方形殿)인데 지붕 위에는 금보정(金寶頂)이 있다. 천원지방(天圓地方)을 상징한다. 황제가 태화전으로 가기 전에 잠깐 쉬거나 대신들의 인사를 받는 곳이다.

중화전 뒤에는 외조최후의 대전인 보화전이 있다. 전면 9간에 측면 5간인데「九五之尊」의 뜻을 갖는다. 황제가 연회를 베풀기도 하고 과거시험(殿試)을 보기도 한 대전이다. 보화전의 뒤 계단 가운데에는 이 고궁에서 제일 큰 돌조각(길이 16.57m, 폭 3.07m, 무게 250t)이 있다. 9마리의 용이 산·구름·바다 사이에서 노니는 모습을 생동감있게 조각하였다. 한 덩어리의 엷은 청색돌에 새긴 이 조각품은 돌의 크기, 구도의 묘미, 조각의 섬세 등에서 단연 뛰어난 걸작품이다.

3대전의 북쪽을 내정(內廷)이라 하는데 이 내정은 세 길(3路)로 나뉘고(中·東·西路), 중로에는 건청궁·교태전·곤령궁 등 후삼궁이 있다. 물론 3대전이 황제의 공간이라면 후삼궁은 황후의 생활 공간이다. 건천궁(乾=天=황제) 곤령궁(坤=地=황후) 교태전(交泰=天地交泰=남녀교접과 화목)은 다 깊은 뜻이 있는 건물임을 알 수 있다.

내정의 정전인 건청궁 역시 전면 9간, 측면 4간의 대전이다. 황제가 정무를 보고, 잠을 자고, 죽으면 시신이 안치되는 곳이다. 내부

중앙으로는 방형지평상(方形地平床)이 있고 그 위에 금칠조각의 보좌가 있다. 또 그 뒤에는 화려한 용조각을 한 병풍이 있다. 그 위 천정 쪽에는 正大光明이라 쓴 큰 현판이 걸려있다. 이 건청궁에는 황자들의 황권쟁탈전을 예방하기 위하여 황제 사후에 개봉하게 되어 있는 상자(황위계승자의 이름이 적힌 종이가 들어 있는)가 있었다.

건청궁 뒤에 있는 교태전은 황후가 집행하는 대전, 황후의 생일잔치, 친잠행사 등을 여는 곳이며, 황제와 황후가 가끔 교접하는 침실이기도 하다. 아무 것도 안 한다·저절로 된다·한가하다 등의 여러 가지 뜻을 가진 無爲라는 글을 쓴 현판이 걸려 있다. 붉은색(朱漆) 황금색(黃漆)으로 화려하게 칠했다. 건륭황제가 쓰던 도장인 어보도 이곳에 있다.

곤령궁은 황후의 침실이다. 소박하게 꾸며진 이곳에서는 황제가 여러 신에게 제사(日祭·月祭·春秋大祭 등)를 지내기도 하였다. 황제가 결혼을 하면 이 곤령궁에서 두 밤을 잔 후 양심전으로 갔다. 그 후 황후는 동서 6궁 중 어느 한 궁에서 거주했고, 황제의 명령이 있으면 교태전으로 가서 동침했다.

후삼궁의 서남쪽에는 양심전(養心殿)이 있는데 이곳은 태화전 다음으로 중요한 곳이다. 왜냐하면 옹정황제 이후부터 황제가 정무를 처리하고 잠을 자던 거주공간이었기 때문이다. 양심전의 북쪽에는 서육궁(西6宮)이 있는데 이곳은 비빈(妃嬪)들의 거주장소였다.

그런데 이곳 양심전과 서육궁은 청말의 유명한 황후였던 서태후(西太后 또는 慈禧太后)가 30여 년간 황제 못지않은 권력을 휘두른 곳이다. 함풍황제의 황후였던 서태후는 아들(同治帝)과 조카(光緖

帝)를 내세워 정권을 장악하기도 하였다.

서태후는 하루 세 끼 식사를 할 때마다 450여 명이 시중을 들게 하였고, 한 끼에 주식 50여 가지, 반찬 120여 가지를 챙겨 먹었다. 그 모든 음식 안에는 독살예방용 은패(銀牌)를 놓기도 하였다. 서태후는 당나라때 여황제가 되었던 무후측천(武后則天)만큼 무서운 여걸이었다. 그러니까 이곳(양심전과 서육궁)을 볼 때는 서태후와 관계된 이야기(궁중비사)를 떠올리면서 보면 더욱 흥미가 있는 것이다. 특히 양심전 동난각(東暖閣)에 있는 황제의 보좌 뒤에는 발이 쳐져 있는데 이것이 바로 서태후가 동치제와 광서제를 앞세우고 수렴청정을 하던 유물인 것이다.

고궁의 동북부에도 여러 궁전들이 있는데 영수전궁(寧壽全宮)이라 한다. 주로 태후와 태비들이 거주하던 공간이다. 이곳에는 진보관(珍寶館)과 종표관(鍾表館)도 있다. 궁정의 각종 진귀한 유물(황제와 황후의 옷 등)을 소장·전시하고 있는 진보관(본래는 皇極殿)은 관람객들로 인산인해를 이루고 있다. 진보관의 서남쪽에 있는 종표관에는 18·19세기 궁궐 안에 있던 각종 시계가 한 자리에 전시되어 있다. 크기·모양·성능·음향·색상 등이 다양한 이 시계들은 서양제와 중국제로 되어 있다. 모두 182점이나 된다.

황극문(皇極門) 앞에 있는 구룡벽(9龍壁)은 큰데(높이 3.5m, 폭 29.4m) 270개의 채색유리판을 조합하여 만든 것으로 유명하다. 아홉 마리 용의 자태는 각각 다르면서도 모두 바다물결을 박차고 구름 속으로 오르는 모습을 하고 있다.

끝으로 고궁의 맨 뒤 북쪽에 있는 정원인 어화원(御花園)은 서울

왕휘 작 숭악도 : 청나라 4대 화가 가운데 하나였던 왕휘(1632~1717)가 북송초화가였던 동원과 거연의 작품을 모방하여 그린(1694년작) 숭악도이다.

창덕궁의 후원(後苑)과 같은 곳이다. 북경에서 제일 오래되고 특색이 뚜렷한 대표적인 궁정화원이다. 넓이는 1.3ha이다. 소나무·잣나무·회나무·각종 화초·산석·정자 등이 어울려 수려한 경치를 이루고 있다.

고궁의 남북중축선 최북단 중앙에 있는 이 어화원의 좌우에는 3개씩의 정자(萬春亭·千秋亭 등)들이 대칭미를 자랑하기도 한다.

조경학을 연구하는 사람은 이 어화원에서 중국 전통정원양식을 보게 될 것이다. 기기묘묘하고 아름답고 완벽한 정원이다.

태호석을 쌓아 만든 가산 위의 어경정(御景亭)은 오르지 못하게 해서 올려다보기만 하고 밖으로 나왔다. 문은 고궁 최북에 있는 신무문(神武門)이다. 높이 31m. 황후와 비빈들이 친잠행사에 참가할 때 이 문으로 출입하였다. 또 명나라 최후황제 숭정제(崇禎帝)가 이 문으로 황궁을 도망쳐 나가 만수산에서 자살한 문이기도 하다. 부귀영화의 헛됨을 말해주고 있다. 지금은 문루(門樓)에서 중국고대건축전람회가 열리고 있다.

이렇게 자금성 안의 건물·조각·실내장식 등만 보고서 고궁박물원(소장품 120만여 점)을 다 보았다고 할 수는 없다. 외조3대전(外朝3大殿)의 동서쪽 회랑 안에 있는 역대예술관(회화관·공예관·도자관·조소관·동기관 등)의 미술품을 보아야 고궁박물원의 진품을 다 보았다고 할 수 있는 것이다. 그런데 솔직히 말해서 이 회랑의 내부시설(진열장과 부대시설)은 형편없고, 미술품의 수와 양도 중국의 다른 박물관과 미술관 소장전시품과는 차이가 많아 실망스럽다. 하루 빨리 개선할 필요가 있다. 관람자도 아주 적다. 고궁전체 입장객의 천분의 일도 안 되는 것 같다.

메모

주소 : 천안문내 경산전가 4호
우편번호 : 100009
입장료 : 30원(성인)
휴관 : 음력 섣달그믐날과 정월 초하루

7

쯍구어리스뽀우꽌
(中國歷史博物館 : 중국역사박물관)

중국역사박물관은 1912년 7월 개관 이후 명칭과 장소를 2번씩 바꿨다. 즉 명칭은 국립역사박물관→중국역사혁명박물관→중국역사박물관으로, 장소는 국자감터→천안문 내 오문과 단문 사이 동서조방(朝房)→천안문광장 동쪽으로 바뀌었다. 지금 자리로 온 것은 건국 10년 후(1959)부터이다. 건축면적은 6만9천㎡, 건물높이 40m, 남북길이 313m, 동서길이 149m의 큰 건물이다. 중국혁명박물관과 같은 건물을 사용하고 있다. 두 박물관의 경계는 중앙에 있는 커다란 홀인데 남쪽이 곧 중국역사박물관이다. 전시면적은 8천㎡이며 2층과 3층에 통사적(通史的)으로 유물을 전시하고 있다. 소장품은 30여만 점이고 이 가운데 1급 문물이 2천여 점이나 된다. 도서실에는 전공분야도서 20여만 권이 있다. 중국의 전체적인 역사와 문화를 알기 위해서는 역사박물관을 먼저 봐야 한다.

중국의 각 성에는 역사박물관이 한두 곳씩 있지만 북경의 이 역사

102

중국역사박물관 앞의 필자 : 2000년 8월 북경 천안문광장 동쪽에 있는 중국역사박물관 앞에 서 있는 필자는 이날 주관장과 인터뷰를 하고 나오는 길이었다.

중국역사박물관 : 중국혁명박물관과 함께 같은 건물을 사용하고 있는(반씩 나눠) 중국 역사박물관에는 30여만 점의 역사유물이 소장되어 있다.

박물관은 대표적인 것인 만큼 진열방법과 유물에 특별히 신경을 많이 쓰고 있음을 관람하면서 느낄 수가 있다. 원시사회유물부터 1840년 아편전쟁까지의 유물을 통사적으로 진열한 것을 구체적으로 보면 다음과 같다.

입장권을 산 후 들어가면 서막청(序幕廳)이 있다. 중국역사박물관을 총체적으로 설명하는 전시실이다. 그 다음이 구석기시대실이다. 고인류의 진화와 분포를 화석·유골·구석기·조소 등으로 보여준다. 조소(彫塑)작품인 북경인배록상(北京人背鹿像)이 인상적이다. 어깨에 죽은 사슴을 지고 가는 모습이 사실적이다. 리얼리티가 넘치는 예술품 같다.

약 1만 년 전부터 4천 년 전까지 6천여 년간 계속된 신석기시대유물은 수렵생활용구와 농업용구 등으로 되어 있다. 특히 1973년 절강성 하모도(河姆渡)에서 출토된 도저(陶猪, 흙으로 빚어 만든 돼지, 6.7cm)가 눈에 띈다. 중국사람들은 이때부터 돼지고기를 즐겨 먹었다는 산 증거가 되는 셈이다. 각종 채도(彩陶)도 많이 진열되어 있다.

하·상·서주·춘추(夏·商·西周·春秋)실에는 4천 년 전부터 2천4백76년 전까지의 유물이 진열되어 있다. 소위 선진(先秦)시대이다. 도기·동기·옥기·골각기·갑골문우골·유명동기(有銘銅器) 등이 많다. 특히 높이 1m가 넘는 큰 바리 안에 291개의 글자(19行)가 새겨져 있는 대우동정(大盂銅鼎, 높이 101cm, 직경 77cm, 周康王시대 작품)은 귀물이다. 그릇모양(器型)과 글자(金文 또는 銘文)가 다 좋다.

전국(戰國)시대실에는 각종 동기·칠기·옥기·악기 등이 즐비하다. 특히 높이 18cm, 입지름 7cm의 용량자호(龍梁瓷壺, 용손잡이가 달린 자기 항아리)는 1955년 절강성 소흥(紹興)에서 출토된 것인데 이것은 2천여 년 전에 이미 자기가 만들어졌음을 말해준다.

진·서한·동한(秦·西漢·東漢)실은 유물이 더 다양하다. 기간은 4백여 년간이지만 진의 천하통일(기원전 221) 때문이다. 각종 죽간·도용·와당·옥의·화폐·화상석·벽화 등이 즐비하다. 특히 1965년 섬서성 함양(咸陽)에서 출토된 서한시대의 채회보병용(彩繪步兵俑, 높이 40-50cm)은 장관이다.

삼국·양진·남북조(3國·兩晋·南北朝)시대(220-589)실도 볼 것과 배울 것이 많다. 중국문화가 남쪽으로 확대되고 또 북방문화가 활발하게 유입되었기 때문이다. 여러 가지 크기와 모양의 도용(陶俑)과 북방유목민족문화를 상징하는 금제품(소머리·사슴머리 모양)들이 특징적이다.

수·당·오대(隋·唐·5代)실은 581-960년까지 380년간의 유물을 체계적으로 전시한 방이다. 무엇보다도 당삼채기(唐3彩器)가 눈에 들어온다. 실크로드를 통한 동서문화교류의 다양한 모습도 볼 수 있다.

송·요·서하·금·원(宋·遼·西夏·金·元)시대실은 주로 북방유목민족 유물로 가득 찼다고 해도 지나치지 않을 것 같다. 좋은 회화작품과 도자기가 수없이 많다. 중국미술사 가운데에서도 회화사를 전공하는 필자로서는 좋은 그림이 많아 더욱 좋았다.

명(明, 1368-1644)시대실은 무르익은 중화문화의 상징 같다. 회

배 모양 채도항아리 : 중국역사박물관에 소장되어 있는 이 배 모양의 채도항 아리는 신석기시대 유물인데 기하무늬가 아름답고 양쪽의 귀가 특이하다.

청동제 촛대 : 중국역사박물관에 소장되어 있는 유명한 이 촛대는 기원전 5세 기 춘추시대 작품이다. 짐승의 등을 밟고 서 있는 사람의 모습이 우스꽝스럽다.

청동제 존 : 중국역사박물관에 소장되어 있는 존(제기)이다. 금은을 상감하여 구름무
늬를 놓은 소 모양의 이 그릇은 기원전 3세기 때 작품이다. 매우 사실적이다.

청동제 접시 : 중국역사박물관에 소장되어 있는 청동제 접시인데 두 마리 짐승·반
리무늬·세 바퀴 등이 정교하다. 춘추후기에서 전국전기의 작품이다.

화 · 도자 · 지도 등이 좋았다. 특히 1590년(명 만력 18)에 그려진 하방일람도(河防一覽圖, 세로 45cm×가로 19m59cm)는 대작이었다. 4백여 년이나 되었지만 보존상태도 좋다.

청(淸, 1644-1911)시대실은 많은 면적을 차지하고 있는 진열실이다. 중국역사상 최후의 봉건왕조였던 이 시대는 중화문화와 만주문화의 마지막 황금기이기도 하였다. 거대성 · 화려성 · 섬세성 등을 나타내는 유물이 많다. 회화 · 도자기 · 옥기 등과 각종 소품(장식품)들이 주종을 이루고 있다. 1895년 영국에서 만든 방직기(무게 4t)까지 있어 이 박물관의 통사적 성격을 잘 말해주고 있다.

이 중국역사박물관은 개관 이후 지금까지 40여 종의 도서와 도록(중국역사박물관 · 중국고대사참고도록9책 · 중국근대사참고도록3책 · 도설중화오천전 · 중국통사진열 등)을 간행하였고, 관내의 전문가와 연구원이 출판한 도서도 1백 종류가 넘었다.

2000년 봄에 부임한 젊은 주(朱鳳瀚)관장의 의욕도 대단했다. 『지금 공사중인 내진(耐震)시설이 끝나면 우리 박물관도 많이 달라질 겁니다.』라고 하였다. 그렇다. 중국의 모든 분야는 엄청나게 빨리 변하고 있다. 잠자던 용이 비상(飛翔)을 준비하고 있는 것이다.

메 모

주소 : 천안문 관장 동측
전화 : 65266602
우편번호 : 100006
입장료 : 25원(성인)
휴관 : 월요일

8
쫑구어치엔비뽀우꽌
(中國錢幣博物館 : 중국전폐박물관)

돈이 없으면 살 수 없고 여행도 할 수 없다. 중국돈의 역사를 아는 일도 중요하니까 화폐박물관을 찾아갔다. 중국전폐(화폐)박물관은 두 곳(서성구 성방가 중국인민은행 본점 내와 천안문광장 서남측)에 있다. 천안문광장에 있는 것은 특별진열실(약 3백㎡, 약 1백 평)이어서 규모가 작다. 중국을 비롯한 세계 각국의 동전과 지폐 등을 수장·진열하고 전폐학과 화폐사를 연구하기 위하여 1992년 7월에 개관하였다.

전시장(중앙홀과 4개 진열실)을 방공원전(方孔圓錢)식으로 꾸몄는데 중앙홀에는 4곳에 상세한 도편자료를 부착했다. 즉 세계화폐의 기원·동서양화폐의 중요특징과 상호교류 등을 보여준다. 4개의 진열실 중 3개 진열실은 중국화폐사를 보여주는 기본진열실이다. 즉 화폐의 통일·환천함지(圜天函地)·금은화폐·지폐와 은행·현재와 미래 등으로 분류 전시되어 있다. 제4진열실은 각종 주

中国

钱币博物馆

№ 011611

중국전폐박물관 입장권 : 돈(화폐·전폐)을 각 국가·각 시대·
각 종류별로 진열 전시하고 있는 전폐박물관은 북경에만도 두 군
데 있는데 이 입장권은 천안문 쪽에 있는 곳의 것이다.

제별로 전시하는 특별진열실이다. 4개 진열실에는 2천여 점(組)의 동전과 지폐가 전시되어 있다.

중국화폐사를 5개 주제로 나눈 것을 살펴보면 다음과 같다.

첫째, 화폐의 통일. 원시사회에서 교환수단으로 사용할 때부터 진시황이 화폐를 통일할 때까지 화폐들이다. 각종 조개껍질 돈(貝幣) · 칼돈(刀錢) · 포전(布錢) 등과 진시황이 통일한 화폐 등이 전시되어 있다. 화폐통일의 필연적인 추세를 보여 주고 있다.

둘째, 환천함지. 오수전과 보문전 · 전폐와 사회 · 기술과 예술 등 3개 단원으로 전시되었다. 중국에서 2천여 년 동안 유통된 방공원전(方孔圓錢)의 발전과 변화 등을 보여주고, 전폐와 정치 경제와의 관계 등도 제시하고 있다. 전폐를 만든 도전범(陶錢范)도 있어 흥미롭다.

셋째, 금은화폐. 춘추시대부터 사용한 귀금속화폐의 변화과정을 보여주고 있다. 전시품에는 은질포폐(銀質布幣) · 황금화폐 · 은정(銀鋌) · 금은방공원전 · 금은기념폐 등이 있다. 특히 楊國忠銘文銀鋌과 化元寶佛像金錢 등은 귀한 것이다.

넷째, 지폐와 은행 · 고대지폐 · 지폐와 신용 · 지폐의 낮은 가치 · 인민화폐 등으로 나누어져 있다. 지폐가 중국에서 제일 처음 만들어진 과정, 지폐의 신용성질, 지폐의 유통 등을 일목요연하게 볼 수 있다. 전시품 가운데는 고대지폐 · 근대지폐 · 손중산이 발행한 금폐권(金幣券) · 국민당이 발행한 60억짜리 지폐 등이 있어 재미있다.

다섯째, 현재와 미래. 현재 사용되고 있는 경폐(硬幣)와 지폐의 생

111

산과정과 위폐(僞幣)에 관한 지식, 화폐의 전자화 과정 등을 보여주고 있다.

이 중국전폐박물관에는 20여만 점의 소장품이 있는데 이것을 고전폐·금은폐·지폐·소수민족전폐·외국전폐·전범(錢范)과 전포(錢布) 등 6개 분야로 분류하여 수장 전시하고 있다. 이 가운데 상(商)대의 동패(銅貝)·춘추시대의 은포폐(銀布幣)·송(宋)대의 황송통보(皇宋通寶)·명(明)대의 50량금정(兩金錠) 등이 귀물이다.

또 이곳에는 세계 30여 개국의 전폐가 수장 전시되어 있기도 하다. 대부분이 19세기 금폐(금화)와 현대 지폐이다. 이곳의 관람객은 학생이 제일 많고 금융인과 화폐학자가 많이 온다. 필자는 미술사학자이지만 중국문화유산을 폭넓게 알기 위하여 이곳을 찾아보았다.

메 모

주소 : 성방가. 천안문광장 서측
전화 : 66081385
입장료 : 10원(성인)
휴관 : 월요일

9
뻬이징후꽝후이꽌
(北京湖廣會館 : 북경호광회관)

문화유산은 정치·경제·사회·역사·미술·음악·연극 등 모든 분야에서 이뤄진 문화활동의 결과이기 때문에 문화유산답사에는 광범한 지식과 경험이 필요하다. 또 알면 알수록 답사는 더 재미가 있다.

필자는 그런 뜻에서 중국의 전통연극과 음악을 감상할 수 있는 몇 곳을 찾아가 보았다. 즉 천진의 티엔진시쮜뿌우꽌(天津戱劇博物館)·북경의 뻬이징후꽝후이꽌(北京湖廣會館)·서안의 셴시꺼우따쮜위엔(陝西歌舞大劇院) 등이다. 천진에서는 건물만 보았지만 북경과 서안에서는 밤에 노래와 춤도 보았다. 경쾌한 노래와 춤·요란스러운 분장·호화로운 의상 등이 중국적이었다.

북경의 호광회관은 3개 부분으로 되어 있다. 첫째, 음식점으로도 유명하다. 북경에서 역사와 전통을 자랑하는 골동상가 유리창(琉璃廠)이 길 건너에 있기 때문에 광동요리를 잘 하는 이 호광회관에는

북경호광회관 입장권 : 호광은 호남성·호북성·광동성·광서성 등의 약자인데 그쪽 출신으로 북경에서 사는 사람들이 세웠다는 뜻이다. 전통극을 보여주며 연극관계 박물관도 있다.

손님이 늘 많다. 점심손님이다. 저녁손님은 경극(京劇) 관람자를 위해서만 음식을 제공한다.

둘째, 희곡박물관이다. 문창각(文昌閣)이라는 전통고건축물의 1·2층에 희곡관계유물을 진열 전시하고 있다. 시설도 좋고 깨끗하다. 셋째, 극장인 대희루(大戲樓)이다. 역시 크고 깨끗하고 시설이 매우 좋다. 좀더 자세히 이곳을 살펴보면 다음과 같다.

10원하는 참관권을 가지고 동수화문(東垂花門, 맛배지붕의 솟을대문이다. 음식점문은 북쪽 길가에 있고 이 문은 동쪽 길 안쪽에 있다.)으로 들어갔다.

천진의 희극박물관은 찾기 어렵고(광동회관이라고 해야 택시기사나 아주 적은 수의 일반인이 알았다.) 관리가 형편없었고, 연극도 어쩌다 공연하였지만, 북경의 이곳은 달랐다. 2백 년(1807년 건립)이나 되었지만, 대희루 · 문창각 · 향현사(鄉賢祠) · 초완당(楚畹堂) · 자오정(子午井) 등이 다 잘 보존되어 있었다. 호남 · 호북 · 광동성 출신들이 모여 향우회도 하고, 연극도 관람하고, 기념행사도 하기 때문에 생기가 넘치고 있었다.

청말민초(淸末民初)에는 중요한 정치활동무대가 되기도 한 이 호광회관에는 손문(孫文)도 5차례 찾아와 국민당 성립대회를 열기도 했다. 1997년 9월부터는 문창각에 박물관을 발족시켜 대외개방을 하였다. 중국희곡발전사 · 희곡관계유물 · 명연기자(譚金培 · 余叔

호광회관 동문 : 북경 호광회관은 대극장(대희루) · 박물관 · 식당 등으로 구성되어 있는데 크고 깨끗하고 음식맛도 좋다. 유리창 길건너 남쪽에 있다.

호광회관 대극장 : 중국 전통건축양식으로 20세기초에 지었는데 3백여 명이 음식을 먹으면서 구경을 할 수 있다. 완전한 목조건물이면서 음향시설이 완벽하다.

岩·梅蘭芳 등)의 옷과 장식품·희곡관계자의 전기·희곡용 악기 등을 보고 연구할 수 있도록 하였다. 유물 가운데는 수운헌수하도(瘦雲軒受賀圖)·궁정어용창기(宮廷御用唱機)·중국 4대명금(名琴) 등이 있어 볼 만했다. 진열실은 크지 않았지만 깨끗하게 입체적으로 잘 전시하였음을 한 눈으로 알 수 있었다.

매일 경극이 공연되는 대희루는 3백여 명이 4인용 식탁에 앉아 음식을 먹으면서 관람할 수 있을 정도로 큰데 무대도 호화롭고 음향조절기능도 잘 되어 있다. 물론 전통양식의 건축물이다. 전통희곡예술과 중국음식문화를 함께 즐길 수 있는 명소다. 국영이나 시영이 아니라 개인(대표 許立仁)이 이만큼 잘 한다는 것은 쉽지 않은 일이다. 관리인에게 칭찬을 많이 해주고 나왔다. 밤에 경극을 보려면 미리 예약을 해야 한다.

메 모

주소 : 선무구 호방로 3호
전화 : 63518284
우편번호 : 100052
입장료 : 10원(성인)
휴관 : 무휴

10
뻬이징꾸관샹타이
(北京古觀象臺 : 북경고관상대)

북경에는 자연과학계통의 박물관이 20여 개소 있고, 이 가운데 천문기상에 관한 박물관은 5곳(北京古觀象臺·北京天文館·北京 航空館·中國航空博物館·中華航天博物館)이 있다. 유도탄과 인 공위성(유인인공위성은 2001년에 발사할 예정) 분야에서도 미국과 러시아의 수준에 육박하고 있는 중국이기 때문에 위 5곳을 잘 설립 운영하고 있다.

천안문에서 동쪽 건국문 입체교차로 서남쪽에 있는 북경고관상대 는 세계에서 제일 오래된 천문대다. 1276년 원(元)나라 때의 천문학 자 곽수경(郭守敬)이 창건했는데, 당시의 이름은 사천대(司天臺)였 다. 간의(簡儀) 등 천체관측기기를 설치하고 시작했다. 1442년 명 (明)나라 때는 관성대(觀星臺)라 했다. 높이 14m의 높은 대(臺, 아 래가 넓고 위가 좁은 方臺狀으로 사람과 마차가 오르내릴 수 있는 길도 있었다.) 위에 천문관측기를 여러 개(簡儀·渾儀·渾象儀 등)

북경고관상대 : 높이 14m의 높은 대위에 있는 여러 가지 천문관측기구는 수백년씩 된 것이다. 길 건너는 현대식 건물이 즐비하다.(2000년 여름 사진이다.)

118

고관상대의 저녁노을 : 이 고관상대는 유네스코에 세계문화유산으로 지정해 줄 것을 요청하고 있지만 찾아오는 사람은 매우 적다. 박물관도 훌륭하지만―.

설치하였다. 아래 평지에는 규표(圭表)와 루호(漏壺) 일구(日晷) 등을 두었다.

청(淸)나라 때는 독일에서 온 가톨릭선교사 탕약망(湯若望)의 건의에 따라 서양의기(360도, 60진법)를 쓰기 시작하고 중국전통분원주(分圓周, 365.25도)는 버렸다. 또 1669-1673년(강희황제 8-12)에는 선교사 남회인(南懷仁)이 설계 제작한 6대의 대형 청동제 천문의기(天體儀 · 赤道經緯儀 · 黃道經緯儀 · 地平經儀 · 象限儀 · 紀限儀)를 대정(臺頂)에 설치하였다. 물론 그 이전, 즉 명나라 때 것은 평지로 내려놓았다. 필자가 보았을 때(2000년 7월 6일)도 그대로 놓여 있었다.

1744년(건륭9)에는 10년이나 걸려 기형무진의(璣衡撫辰儀)라는 대형 청동제 천문의기를 만들었다. 의기가 너무 커서 대정(臺頂)을 넓히고서야 올려놓을 수 있었다.

그런데 이 천문의기들은 1900년 8국 연합군이 북경을 쳐들어왔을 때 독일군과 프랑스군에 빼앗겼다가 1921년에야 다시 원 위치로 돌아오는 수난을 겪기도 하였다.

1911년 신해혁명(辛亥革命) 후에는 중앙관상대로 이름이 바뀌었고, 1929년에는 국립천문의기진열관이 되었다. 같은 장소에서 4백여 년이나 계속한 관상대로서의 역할이 끝나고 단순한 박물관이 된 것이다.

1936년에는 일본군의 침략을 피해 비교적 가벼운 천문의가 7개(簡儀 · 渾儀 · 圭儀 · 漏壺 · 小地平經緯儀 · 折半天體儀 등)는 남경으로 옮겼는데 지금은 남경 천문대와 박물관에 있다.

해시계와 달력 : 1688년 탕루어왕이 상아로 만든 이 해시계(일구)와 달력(원형 월력)은 조선시대 해시계 제작에도 많은 영향을 주었다.

금제 천구의 : 청나라 때 만든 이 천구의는 진주와 보석을 상감하고 금도금을 한 것으로 화려하고 섬세하고 장식적으로 만든 천체관측기구이다.

1956년에 이곳은 북경고대천문의기진열관이 되었고, 여러해 동안 건물(자미전·동서상방·구영당·천문대 등)을 수리한 후 1983년부터 대외개방을 하였다. 대지면적 1만㎡, 건축면적 3천8백㎡의 박물관이 된 것이다.

지금은 대정(臺頂, 30평 넓이쯤 된다.)에 8가(架)의 청나라 때 만든 관천의기가 있다. 정밀한 기계이면서도 아름다운 공예미를 잘 보여주고 있다. 천체의(天體儀)는 지름이 2m가 넘는데, 겉에는 적도·황도·은하·24절기·28수(宿)성좌·1천6백여 별들이 조각되어 있어 놀랍다. 이 천체의는 지금도 자유롭게 돌릴 수 있다.

자미전(紫微殿) 등 진열실에는 각종 실물·복제품·탁본·천문도·모형·고대천문학자소상(塑像) 등이 있어 감탄을 연발하게 한다. 또 정원에도 여러 천문관측기기들이 놓여져 있다. 그런데 관람자가 너무 적어서 아쉬웠다. 옛것을 알아야 새것을 알 수 있는데-.

121

11

루쉰뽀우꽌

(魯迅博物館 : 노신박물관)

20세기 중국의 위대한 문학가였으며 혁명사상가였던 루쉰(魯迅, 1881-1936)은 여러 곳에 흔적을 남겼기 때문에 그를 기념하는 기념관이나 박물관도 여러 곳에 있다. 그런데 그 중에서 소흥·상해·북경(紹興·上海·北京)의 생가·기념관·박물관이 제일 볼 만하다. 필자는 북경의 박물관을 본 후 상해에 가서 기념관을 찾았다. 두 곳만 보아도 충분할 것 같아서였다. 물론 그가 쓴 글(소설과 수필)을 읽고 가야 그를 더 잘 알 수 있음은 두 말할 나위가 없다.

중국인민들로부터 「민족혼」이라는 최고의 대접을 받았던 루쉰은 말년(1927-1936)을 상해에서 마지막 광망(光芒) 같은 삶을 불태웠다. 즉 두 문학잡지를 주관(語絲와 奔流)했고, 단체(중국좌익작가연맹)를 결성했으며, 창작집을 간행하였다.

필자는 40여 년 전에 읽은 아큐정전(阿Q正傳, 1921년발표)을 생각하면서 북경의 노신박물관을 찾았다. 앞뜰의 잔디는 잘 가꾸어져

있고, 백일홍과 칸나 그리고 석류꽃이 아름답게 피어 있었다. 그 옆
의 노신소상(塑像)은 중국정신·민족혼다운 모습을 잘 보여주고 있
었다.

1956년에 건립된 이 박물관은 1981년 노신탄생 1백주년을 기념하
여 크게 확장되었다. 대지 1만1천㎡에 건축면적 7천5백㎡의 아담한
박물관이 되었다. 소박하면서도 현대적 시설을 갖추게 되었다. 모
택동의 『노신은 중국 문화혁명의 주장(主將)이다. 그는 위대한 문학
가였을 뿐만 아니라 위대한 사상가였으며 혁명가였다. 노신이 갔던
길은 곧 중화민족 신문화의 방향이었다.』는 말을 생각하면서 안으
로 들어갔다.

노신의 고동색 반신소상이 멀리서 온 나그네를 반갑게 맞이한다.
전시실은 넓었다. 1천3백여 점의 유물이 시대별로 전시되어 있다.
물론 이 박물관이 소장한 유물은 3만1천여 점이나 된다. 사진·도
표·미술작품·원고·출판물·도형 등이 입체적으로 잘 전시되어
있어 이 나라 사람들이 그를 얼마나 앙모하고 있는가를 알 수 있다.

노신의 옛집 : 노신이 살던 옛
집(고거)도 여러곳에 있는데 북
경과 상해에 있는 것이 제일 유
명하다. 북경집은 노신이 직접
지은 전통서민주택이다.

노신의 마지막 모습 : 1936
년 10월 19일 55세로 세상을
떠났을 때의 노신 모습이다.
북경에서 죽은 노신의 묘는
상해 노신공원 안에 있다.

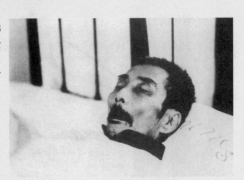

노신 고거 : 상해 노신공원 안 노신기
념관에서 5백m쯤 남쪽에도 노신이 살
던 옛집이 있는데 3층 연립주택으로
건평 2백평쯤 된다.

上海市山阴路132弄9号 NO.9, LANE132, SHANYIN ROAD, SHANGHAI, CHINA

魯迅故居

LU XUN'S FORMER RESIDENCE

이 박물관에는 노신연구실(1976년설립)도 있어서 각종 행사도 열고, 출판물도 간행하고 있다. 지금까지 魯迅研究資料·魯迅研究月刊·拈花集·魯迅手稿選集·魯迅博物館藏畵選 등 많은 책을 간행하였다. 『다른 기관과 개인이 쓴 노신관계 간행물은 3백 종이 넘는다.』고 이 박물관의 한 직원이 자랑했다.

그런데 노신박물관이 이곳에 있게 된 이유는 박물관의 서쪽에 있는 노신고거(魯迅故居 : 살던 집) 때문이다. 북경 서민주택의 특색을 잘 보여주고 있는 이 사합원(4合院)은 노신이 1924년에 직접 설계하고 지은 집이다. 노신은 이 집에서 전후 3년(1924-1926, 1929, 1932)간 살았다. 좋은 정향(丁香) 꽃나무도 작은 뜰에 세 그루 심었다. 방 넷(침실·거실·서재 등)과 부엌이 작지만 아담하였다. 노신은 이 집에서 野草(산문시) 朝花夕拾(잡문집) 彷徨(소설) 등을 썼다.

필자는 노신의 서재 겸 침실을 들여다보면서 오랜 병으로 시달리면서도 집필에 여념이 없는 노신이 그곳에 앉아 있는 것만 같은 착각을 일으켰다. 집안을 다 보고 나오면서 대문 옆에 붙어있는 魯迅故居라는 안내판을 다시 보았다. 그리고 엉뚱한 생각을 했다. 나도 내가 마련한 가평의 작은 전원주택(텃밭과 대나무숲과 정자가 있고 그 아래로 개울물이 흐르는)에 내가 세상을 떠난 후 許英桓故居라고 써 붙이라고 할까-.

메모

주소 : 고성문 내서2조 19호(백탑사 뒤)
우편번호 : 100034
입장료 : 5원(성인)
휴관 : 월요일

12

쭝구어띠즈뽀우꽌
(中國地質博物館 : 중국지질박물관)

　　필자의 주전공은 중국미술사(더 좁히면 중국회화사)이지만 과학 분야에 대해서도 많은 관심을 가지고 있다. 그것은 과학과 기술은 인간생활의 물질적 풍요를 가져오는 원동력이라고 믿기 때문이다. 따라서 중국의 역사·문화·미술유산을 찾아다니면서도 과학기술 쪽도 잊지 않고 찾았다.

　　뻬이징의 서사양육호동(西四羊肉胡同 15號)에 있는 중국지질박 물관을 찾아가기도 힘들었지만 가서 볼 때도 어수선하여 차분히 보 기가 힘들었다. 옆에서 국토자원부본부 건물신축 때문에 시끄러웠 기 때문이었다. 중국 최대규모의 이 지질박물관은 지질광산부 소속 으로 1916년에 발족되었지만 현재의 7층 신관을 짓고 개관한 것은 1959년 10월이었다. 건국 10주년 되던 해였다.

　　26개 진열실(6층에 나눠져 있는데 지구사실·암석광물실·보석 실·지질자원실 등)에는 표본만 해도 10만 점이 넘는다. 특히 거대

중국지질박물관 입장권 : 이 지질박물관의 주소는 참 재미있다. 서사양육호동15호 (西四羊肉胡同15號)이니까 근처에 양고기를 파는 골목이 있었던 것 같다. 건국 10 주년(1959) 기념건물이다.

중국지질박물관 : 7층의 현대식 건물 안에는 사무실·창고·진열실 등이 있는데 26 개의 진열실에는 10만여 점이 전시되어 있다. 표본과 화석이 특히 많다.

한 공룡화석(山東龍), 진사왕이라 부르는 진사정체(辰砂晶體), 새로 발견된 광산물인 향화석(香花石) 등은 이 지질박물관이 자랑하는 소장품이다. 또 앞뜰에 진열되어 있는 규화목(硅化木, 높이 4m)·수정표본(水晶標本, 3.5t) 등은 세계 최대를 자랑하고 있다.

지구사 진열실은 지구의 형성과 변화·화산폭발 후의 암석층의 형성과 변화, 지구표면 형태의 복잡화, 생물진화과정 등을 볼 수 있는 자료들이 자세한 설명과 함께 전시되어 있다.

암석광물 진열실은 광물의 형성·특징·종류·중국의 신광물·진품광물 등이 진열되어 있다. 청해에서 발견된 커다란 자연금괴, 중국과학자들이 발견한 향화석정체(香花石晶體), 각종 수정 등이 눈길을 끈다. 암석만 해도 8백여 점이 전시되어 있다. 물론 사진과 도표도 많다. 자연이 만든 아름다운 예술진품(珍品)을 보는 것 같다.

보석진열실은 보석·옥석·채석(彩石)·연석(硯石) 등 4개 단원으로 나눠져 있다. 진열품은 9백여 점. 보석은 금강석·남보석·묘안석(猫眼石), 옥석은 전옥(田玉)·수암옥(岫岩玉), 채석은 수산석·전황석·계혈석, 연석은 4대 명연(名硯, 단계연 등) 등이다. 보석이란 자연계에서 제일 아름다운 광물이나 광물집합체를 뜻한다는 것은 누구나 다 아는 바이다.

지질자원 진열실은 신중국 수립 이후 얻은 조광사업과 그 성과 등을 전시한 곳이다. 전시는 농용화공광산·강철금속광산·유색금속광산·연료화공광산·비금속광산 등의 자원 개황과 광물의 성분·용도·산지·분포 등을 밝히고 있다.

이 박물관 소장품 가운데에는 유명정치인(毛澤東 · 朱德 · 劉少奇 · 康克淸 · 王震 등)이 기증한 표본 · 화석 등이 많은 것도 특이하다. 또 이 박물관은 중국지질학회 60주년전람 · 건국 40년 지질공작성취전람 · 전국구역화탐전 · 인광전 · 지질역학전 · 지진전람 · 광물진품전 · 지질촬영회화서법작품 전람 · 지구와 인류전 · 금광공작전 · 국제지질대회전 등 다양한 전람회를 많이 열었다.

따라서 이곳 지질박물관을 찾아오는 관람객은 어른보다는 어린이들이 많다. 자라는 청소년들에게 조국의 지질과 광물 등에 애정을 갖도록 노력하는 모습을 볼 수 있다. L형 7층 회색탑식 건축물(높이 30m)인 이 지질박물관을 나오면서 우리도 빨리 국립지질박물관을 개관했으면 하는 바람을 가졌다.

메 모

주소 : 북경시 서사양육호동 15호
우편번호 : 100034
입장료 : 8원(성인)
휴관 : 월요일

13
옹허꿍
(雍和宮 : 옹화궁)

북경에 있는 중국 고건축물 단지(북경고궁박물원·천단·선농단·북경공묘·대각사 등) 가운데 완벽한 대칭미(건물과 나무 등 장식물까지 포함)를 보여주고, 한 장소 안에서 한민족·만주족·몽골족·장족 등 각 민족의 특색을 가장 잘 나타내주고 있는 곳은 아마도 옹화궁뿐일 것이다.

이 옹화궁은 청나라 강희 33년(1694)에 지었는데 3대 황제인 옹정제가 즉위 전에 살던 집이어서 옹친왕부(雍親王府)라 했다. 그후 옹정제 3년(1725)에는 행궁이 되어 옹화라는 이름이 하사되었다가 다시 건륭9년(1744)에는 라마묘(喇嘛廟, 라마교사원)가 되었다. 현재 이 옹화궁의 면적은 3만㎡(약9천 평)이고 건축면적은 9천9백㎡이다.

직사각형의 반듯한 대지에 화려 섬세한 전각과 누정이 정연히 있어서 근엄한 느낌을 주고 있고, 요소요소에 있는 황금빛 승복을 입

옹화궁 입장권 : 청나라 황제들은
유교 · 불교 · 도교 등만 신봉한 것이
아니라 라마교까지 믿었는데 이 옹화
궁은 건륭황제 때 라마교 사원이 되
었다. 완벽한 대칭미를 보여준다.

옹화궁 대불 : 높이 12m나 되는
이 목조대불은 옹화궁의 상징물이
기도 하다. 중국미술의 특징인 거
대성 · 섬세성 · 완벽성 · 화려성 등
을 다 보여주는 불상 조각품이다.

131

은 승려들(라마교)까지도 정숙한 모습을 보여준다. 종교예술 박물관으로서 손색이 없다. 따라서 1981년 대외개방 이후부터는 관광명소로서의 역할도 하지만 몽골과 티베트 등 라마교 승려들의 종교와 생활모습을 연구하는 성지로도 활용되고 있다.

현재 14개 전각과 누정을 공개하고 있는데 이들 건물 안에는 많은 불상· 불경· 불화· 법물· 법기 등이 있다. 특히 반선루· 계태루(班禪樓 · 戒台樓) 두 전람실에는 갖가지 라마교 유물이 있어서 눈길을 끈다. 옹화궁이 가지고 있는 전체 유물은 약 4천 점이다.

중국에서 박물관이나 미술관을 볼 때 신축건물의 경우는 별 문제가 없지만 고건물인 경우(宮 · 園 · 壇 · 故居 등)에는 건물 그 자체가 역사유물이고 문화재이기 때문에 건물도 잘 살펴보고(배치와 구조 등) 안의 유물도 꼼꼼하게 봐야 한다. 고궁박물원· 이화원· 천단· 송경령고거 등이 다 그렇다.

132

옹화궁도 마찬가지다. 이곳의 건물은 한 장(漢藏) 건축예술양식이 함께 있기 때문에 세심히 살펴보면 공부도 되고 재미도 있다. 옹화궁 전체는 좌· 중· 우 삼로(左 · 中 · 右 3路)로 나눠져 있고, 중로는 연도(輦道)라 한다.

이곳에서 주목할 곳은 비정(碑亭)들인데 서비정에는 한· 만· 몽· 장(漢 · 滿 · 蒙 · 藏) 4가지 문자로 새긴 비가 우뚝 서 있다. 내용은 건륭황제가 왕부(王府)를 사원(寺院)으로 바꾼 내력을 기술한 것이다. 260년 전 일인데 지금도 중국정부는 만주(동북3성)· 몽골(내몽골 자치구)· 서장(티베트 자치구) 등 소수민족에 신경을 쓰고 있다.

대웅보전은 비정 뒤에 있는데 옹화궁의 정전이 된다. 옹화궁이라는 현판이 걸려 있다. 물론 이 옹화궁에서 제일 큰 건물은 법륜전이고 화려 섬세하기가 이루 말할 수 없을 정도다. 진귀한 유물로 가득차 있다.

옹화궁에서는 매년 음력 정월 21일에 타귀(打鬼)라는 행사(각종 귀신을 때려 쫓아내는 행사)를 열고 있는데 노래와 춤이 볼 만하다.

옌 12

주소 : 경성구 옹화궁 대가 12호
우편번호 : 100007
입장료 : 15원(성인)
휴관 : 연중무휴

133

14

써우뚜뽀우꽌

(首都博物館 : 수도박물관)

라마교 사원인 옹화궁의 서쪽 길 건너편에 있는 이 수도박물관은 택시기사보고 써우뚜뽀우꽌을 가자고 하면 잘 모른다. 쿵묘우(孔廟)를 가자고 해야 안다. 이 박물관이 옛 국자감(國子監)터 공묘 안에 있기 때문이다.

1302년 원 대덕6년에 짓기 시작하였고, 명청대를 거치면서 여러 차례 터를 넓히고 건물을 많이 지었다. 지금 대지면적은 2만2천㎡이고 건축면적은 7천4백㎡이다. 수도박물관이 전시실로 쓰고 있는 건평은 1천6백㎡이다.

종합적인 지지(地志) 박물관 성격을 가지고 있는 이 수도박물관은 1981년 10월 정식으로 성립된 후 북경간사(簡史)를 주로 전시하다가 1986년에는 근대사 진열 쪽으로 성격을 바꿨다. 그리고는 다시 1989년부터는 북경간사(고대부분)와 북경근대사를 합병하였다. 그리고 북경시의 발전을 체계적으로 보여주는 쪽으로 진열 전시하였

副券　¥:1.00

0286195

수도박물관 입장권 : 북경의 고대사·중세사·근대사를 볼 수 있는 이 박물관은 겉은 옛 건축물이지만 내부시설은 완벽한 현대식이어서 관람하기가 아주 좋다.

다. 따라서 진열의 시간 단위를 7단계(고대취락 · 육국도성 · 북방중진 · 중국의 경성 · 정치중심 · 반식민지반봉건도시 · 중화인민공화국의 수도)로 나눴다. 즉 70만 년의 북경역사를 8백여 평의 전시실 안에 농축한 셈이다. 전시실은 공묘의 동서회랑 내부를 깨끗이 개조하여 쓰고 있는데 좁지만 여러 가지 시설이 아주 좋았다. 고궁박물원보다 이 수도박물관이 월등히 좋았다. 서울시문화재위원이며 서울시립박물관 개관준비위원이기도 한 필자는 북경시립박물관인 이 수도박물관이 부러웠다. 건물 좋고, 내부시설 좋고, 유물이 많고 좋으니까 부러웠다.

각종 석기 · 철기 · 동기 · 도기 · 자기 · 칠기 · 와당 · 유리제품 · 법랑기 · 회화작품 등이 잘 전시되어 있다. 청대의 360행화책(行畵冊)과 북경 구식문면화책(舊式門面畵冊) 같은 것도 있어 북경의 근현대사자료역할을 하고 있었다. 물론 귀한 사진자료도 많았다.

수도박물관이 있는 이 공묘는 공자의 고향인 곡부(曲阜)의 공묘 다음으로 전국에서 제일 큰 공묘이기 때문에 공자와 유교문화를 이해하려는 관람객이 많이 오고 있다. 특히 대성전 안에 있는 338점의 악기와 제기는 훌륭한 실물자료였다. 또 고대유가정전(古代儒家精典)인 13경석각비림(經石刻碑林)도 대단한 유물이다. 비(碑)는 189좌(座)이고 글자는 63만 자(字)인데 원 · 명 · 청 3대 5만여 명 진사(進士)의 성명 · 본적 · 관직 등을 새겼다. 어제각비(御制刻碑) 239좌와 함께 장관을 이루고 있다.

이 수도박물관에서는 개관 이래 많은 특별전과 기획전이 열려(공자와 유학전 · 중국고대전폐전 · 북경문물진품전 · 중국역대비첩

전·원대도역사진열·당삼채전·자주요예술도자전·북경세시풍속전·옛북경인 생활풍속전·북경에서의 중국공산당 등) 관심을 끌었다.

21개 종류, 8만6천여 점의 유물을 소장 전시하고 있는 수도박물관은 북경 지방사 연구의 중심이 되기도 하는데 그동안 공자·북경역사문화전·현대중국서화명감·중국다문화전·북경공묘·수도박물관·원대도·북경고대사논저자료색인·중국명청회화·북경혁명사화책 등의 도서와 도록을 발간하였다.

가로수가 우거진 주변도로, 정원의 나무와 꽃, 중국전통건축양식으로 배치된 고건축물들, 최상급의 문화재들을 두 시간 넘도록 보고 나오면서 2002년 4월에 개관할 서울시립박물관이 생각났다. 우리는 더 잘 꾸며야 할텐데-.

137

메 모

주소 : 경성구 국자감가 13호
우편번호 : 100007
입장료 : 10원(성인)
휴관 : 월요일

15
쭝구어메이수관
(中國美術館 : 중국미술관)

이 중국미술관은 중국역사박물관 · 중국혁명박물관 · 중국농업박물관 · 중국지질박물관 · 중국자연박물관 등과 함께 건국10주년 (1959년 10월 1일)을 기념하여 개관한 10대 대규모 건물 중 하나다. 크고 튼튼하게 짓고 대리석으로 잘 꾸민 건물들이다. 국내외에 위대한 10년(偉大的十年)을 자랑할 만한 기념물들이다.

경성구 오사대가(五四大街)에 있는 이 중국미술관 정문 입구 위에는 모택동이 中國美術館이라고 커다랗게 쓴 간판(대리석편액)이 걸려 있다. 총 건축면적은 17만㎡이고 전시장면적은 6천여㎡이다. 13개 전시실과 기획전시실 등이 1 · 2 · 3층에 있다.

중국근현대미술품을 수장 · 보관 · 연구 · 진열하는 이 미술관은 각종 미술전람회를 개최하는 국가급 박물관이다. 물론 국내외 미술교류와 근현대미술사도서출판사업 등도 활발하게 전개하고 있다. 필자가 찾아간 2000년 7월에는 중국유화백년전(中國油畵百年展)

을 열었는데 이 미술관 소장품 외에 대만과 세계각국에 있는 중국 유화가의 작품들을 모아들여 열고 있었다. 도록도 값비싸게 잘 만들었는데 수많은 관람객들이 많이 사가고 있었다.

　수만 점의 미술품을 수장하고 있는 이 미술관에는 외국 미술품도 많이 있다. 회화는 중국화·유화·판화·연화·선전화·만화·소묘·삽도·수채화·수분화·칠화 등이며, 중국화에는 산수화·인물화·화조화 등이 있다. 판화에는 수인목각화·유인목각화·동판화·석판화 등이 있다. 조소는 석조·목조·동조·니조 등이다.

　관람환경이 좋은(천정도 높고 진열장도 큼직큼직하다.) 이 미술관은 7-8도의 지진에도 견딜 수 있는 방진시설이 되어 있다. 중국은

중국미술관 입장권 : 중국근현대 미술품을 소장·전시·연구하고 있는 이 미술관에서는 20세기 중국유화전이 대대적으로 열리고 있었다.(2000년 7월 한 달 동안)

1976년의 대지진(북경 근처에서 일어난 당산지진)에 크게 놀랐기 때문에 주요건물은 방진시설이 잘 되어 있다.

그런데 무엇보다 이 미술관의 특징은 활발한 대외교류와 매년 1백여 회씩 거행하는 국내외 전시회에 있다고 하겠다. 지금까지의 중요한 전시회 가운데 근백년중국화부분소장품전·중국미술관소장판화전·중국현대조소예술전·중국현대민간회화전·중국백경회화전·중국유화전·중국근현대10대국화대사작품전 등이 있다.

물론 지금까지 중국미술관소장품집·제백석작품집·임백년화집 등 다양한 도록과 화집 등을 간행하였다. 한국의 국립현대미술관과 같은 일을 하고 있는 곳이다.

메 모

주소 : 경성구 오사대가 1호
입장료 : 20원(성인)
휴관 : 월요일

16

쑹칭링꾸쥐

(宋慶齡故居 : 송경령고거)

ㅤ

이 송경령고거(故居, 살던 집)의 정식 명칭은 중화인민공화국명예 주석 송경령 동지 고거다. 중국의 위대한 어머니라는 칭송을 듣던 송경령(1893-1981) 여사가 1963년부터 1981년까지 18년간 살던 집 이다. 즉 살아있을 때는 부주석이었으니까 송부주석 공관(公館)인 셈이다.

1925년 남편이었던 쑨원(孫文, 1866-1925) 총통이 죽은 후 56년 간 더 살면서 중국의 완전한 자주독립·여성해방·아동복지 등을 위해 헌신한 송경령에 대해서 필자는 자세히 알고 있었기 때문에 이곳은 더욱 아름답고 위대한 명소였다.

고궁박물원의 서북쪽 후해북안 조용한 주거지역에 있는 이곳은 본래 청나라 마지막 황제 부의(溥儀)의 아버지 순친왕의 왕부화원 (王府花園)이었다. 해방(1949) 후 이곳을 더 아름답게 잘 꾸민 후 상 해에 머물던 송경령 여사를 모셔다 살도록 하였다. 그리고 송여사

송경령고거 입장권 : 청
말 황실의 화원이었던 이
곳은 넓고 아름다웠다.
88년간 조국과 인민을 위
해 살았던 송경령 명예
주석의 유품과 사진이 많
이 있었다.

송경령고거 대문 : 북경 시
내에서도 조용한 곳에 있는
이 집 정원에는 정자 · 거
실 · 서재 · 괴석 · 연못 · 고
목 · 화원 등이 있어 환상적
인 분위기를 이루고 있었다.

가 세상을 떠난 후에는 전국 중점문물 보호단위로 지정하였고, 1982년 5월 29일(송여사 서거1주기)부터 일반에 정식으로 개방하였다.

청나라 때 왕부화원의 특색을 잘 유지하고 있는 이곳의 전체면적은 2만㎡이며 건축면적은 5천㎡이다. 정문에서 8원짜리 입장권을 사 가지고 들어가면 곧바로 정자 · 호수 · 꽃밭 · 수백년된 나무 · 기념관 · 고건축물 등이 눈에 들어온다. 수백년 동안 가꿔온 곳이라 눈부실 정도로 아름답다. 觀花室 · 恩波亭 · 聽雨屋 · 暢襟齋 등이라 쓴 크고 작은 집들이 여기저기에 있다. 모양도 각양각색이고 남호(南湖) 후호(後湖) 등의 연못과 어울려 더 환상적이다.

송경령의 일생을 전시하고 있는 송경령 생평전람(生平展覽)실은 송부주석이 그랜드홀로 쓰던 곳이다. 사진 2백50여 장 · 문헌자료 · 진귀문물 2백여 점 등이 전시되어 있어 그의 일생을 일목요연하게 설명하고 있다. 송여사가 21세 때(1914) 손문을 만난 후부터 67년간의 생애가 파노라마처럼 전개되어 있어 감탄을 연발하게 한다. 송여사는 일생동안 민족독립사업 · 사회주의건설사업 · 부녀해방사업 · 아동복지사업 · 국제우호사업 · 조국통일사업 등을 했다고 설명하고 있다.

침실 · 주방 · 독서실 · 집무실 · 차고 등도 보았는데 독서실(서고)에는 3천여 권의 책이 서가에 꽂혀 있었다. 외국어(영어와 일어)에 능통했던 송여사가 보던 책들이었다. 물론 그가 평생 사용한 타자기도 있었다.

전시실 밖에는 석류 · 포도 · 월계 · 해당 · 매화 등과 각종 분재가

143

손문·송경령 부부 : 결혼 후 5년째 되던 1920년 상해에서 찍은 사진
인데 손문은 54세, 송경령은 27세였다. 만 10년간 함께 살다가 사별했
다. 자녀는 없다.

많았다. 모두 송여사가 좋아하고 정성들여 가꾸던 것들이다.

약 2시간 동안 둘러보고 나오면서 이곳에 소장되어 있는 1만2천
여점의 유물이 거의 다 송여사 개인유물과 소장품이었음을 알게 되
었다. 물론 손문의 옷 · 모자 · 권총 · 글씨 · 사진 등도 있었다. 필자
는 송경령과 손문을 더 잘 알기 위하여 남경과 상해에 있는 여러 곳
(중산릉 · 미령궁 · 송경령릉원 · 손문고거 · 송경령고거 등)을 찾아
가 볼 생각을 하면서 이곳을 나왔다.

메모

주소 : 서성구 후해북안 46호
전화 : 64044205 · 64035858
우편번호 :100009
입장료 : 8원(성인)
휴관 : 무휴

145

17

쉬뻬이훙지니엔꽌

(徐悲鴻紀念館 : 서비홍기념관)

　필자는 1992년 학고재에서 출간된 「근대한국미술논총」(학고재)에 「新中國의國畵改革政策考察」이라는 논문을 발표했는데 이 글 가운데는 「徐悲鴻의 新國畵 건립방법론」이 들어있다. 말하자면 1970년대부터 서비홍을 알게되었지만 구체적으로 연구하게 된 것은 1990년대부터라고 할 수 있다. 그리고 그를 더 잘 알고, 보고, 연구하고, 감탄하게 된 것은 2000년 7월이라 하겠다. 그것은 그의 기념관을 방문하고부터이다. 물론 그에 관한 공부를 하고, 책을 사고(1985년8월 타이완에서), 화집을 보고, 논문을 썼지만 뻬이징에 있는 그의 기념관을 찾아갔을 때의 감격과 기쁨은 훨씬 크고 깊었다.

　중국 근대화단에 사실주의 회화의 기초를 쌓은 화가 겸 미술교육가, 중국화개혁을 강력하게 주장한 개혁가였던 서비홍(1895-1953)은 모든 그림에 悲鴻 또는 Peon이라는 관지(사인)를 했다. 58년간

《九方皋》徐悲鸿 1931 年作

徐悲鸿纪念馆
XU BEIHONG MUSEUM

票　价: 5元
展出时间: 上午9: 00—12: 00;下午1: 00—5: 00(星期一休息)
地　址:北京市西城区新街口北大街53号
　　　(乘地铁积水潭站下)
电　话:2252187
邮政编码:100035

서비흥기념관 입장
권 : 북경시 서성구
에 있는 서비흥 기
념관 구내에는 중앙
미술학원 서비흥 기
념실 연수생들의 실
기실도 있었고, 생시
의 그의 화실도 있
었다.

서비흥의 양란도 : 서비흥
(1895~1953)은 꽃 · 사람 ·
말, 서양화 · 중국화, 유화 ·
연필화 · 수묵화 등 못 그리
는 그림이 없을 정도로 다재
다능한 화가였고, 미술교육
가였다.

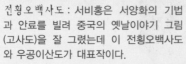

전횡오백사도 : 서비홍은 서양화의 기법
과 안료를 빌려 중국의 옛날이야기 그림
(고사도)을 잘 그렸는데 이 전횡오백사도
와 우공이산도가 대표작이다.

우공이산도 : 어리석은 사람이 산을 옮기려는 모습을 그린 이 우공이산도는 중국인의 인내심을 상징하는 그림이다. 선묘채색법으로 그렸다.

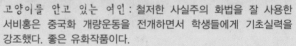

고양이를 안고 있는 여인 : 철저한 사실주의 화법을 잘 사용한
서비홍은 중국화 개량운동을 전개하면서 학생들에게 기초실력을
강조했다. 좋은 유화작품이다.

살면서 수백 폭의 그림과 50여 편의 글을 남겼다.(徐悲鴻藝術文集 上下 2冊 참고) 대표작은 그림으로는 전횡오백사도(田橫五百士圖, 1928-1930) 우공이산도(愚公移山圖, 1940) 등이 있고, 글로는 중국화의 개량방법(1918) 중국화를 논함(1938) 등이 있다.

필자가 서비홍기념관을 찾아간 것은 2000년 7월 7일(금) 오후였다. 이날은 마침 중앙미술학원 서비홍화실 출신학생들의 제15회 졸업기념전도 열리고 있었다. 7개 전시실과 부속실 및 매점 등이 있는 본관(4층 양옥)과 학생들의 실기실·강의실·숙소 등이 있는 별관으로 이뤄진 서비홍기념관은 깨끗하면서도 기품이 있었다. 정원 여기저기에 있는 대나무들도 푸르렀다. 물론 정문 입구 쪽에 있는 그의 상반신 흉상도 인상적이었다.

서비홍기념관에는 그의 작품 1천2백여 폭, 그가 수집했던 역대서화 1천2백여 폭, 그의 유품 수백 점 등이 소장되어 있다. 9세 때부터 그림을 배우기 시작하여 23세 때(1918년)는 북경대학 화법연구회 교사가 되었다. 그리고 그 다음해인 1919년에는 파리국립고등미술학교에 입학하여 소묘화와 유화를 본격적으로 배우기 시작하였다. 그리고 영국·독일·벨기에·이태리 등을 여행하였으며 1927년에 귀국했다. 귀국 후부터는 본격적으로 미술창작과 미술교육에 헌신하였다.

서비홍기념관은 1954년에 세워졌지만(그가 7년간 살던 집에) 이곳에 새 건물을 짓고 이사와 신관을 정식으로 개관(1983년 1월)한 것이다. 7개의 전시실은 현대식 설비를 갖추고 있어 시원스러웠다. 특히 제4전시실은 그의 생시화실로 꾸며져 있었다. 각종 자료·사

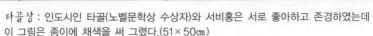

타골상 : 인도시인 타골(노벨문학상 수상자)와 서비홍은 서로 좋아하고 존경하였는데 이 그림은 종이에 채색을 써 그렸다.(51×50㎝)

진 · 붓 · 화판 · 안료 · 옷 · 이젤 · 미완성작품(魯迅和瞿秋白) 등이 잘 전시되어 있었다. 인도시인 타골의 사진도 벽에 걸려 있었다.

제1 · 2 · 7전시실은 중국화 전시실이다. 서양화에 능통했던 그가 그린 중국화는 독특한 풍격을 가지고 있는데 이 전시실들에 있는 그림들(우공이산도 등)이 그의 독창성과 개별성을 잘 보여주고 있다.

말 그림들도 많다. 착하고 용감하고 충실하고 잘 뛰는 말들이 가득
하다.

제3·5전시실은 그의 대표적인 유화작품이 전시되어 있는 양화
실이다. 전횡오백사도도 여기에 있다. 제6전시실에는 그의 소묘 60
여 폭이 있다. 주로 파리시절 그림들이다.

이 기념관에서는 각종 도서와 화집도 출판(서비홍 탄신90주년 기
념문집·서비홍화마집·서비홍화집·서비홍수장화집 등)하였다.
그리고 전국에서 온 미술학도들을 양성하고 있다. 또 해외전시(캐
나다·싱가폴·말레이시아 등)도 여러 차례 하였다.

58년간이라는 길지도 짧지도 않은 한 생애를 열심히 살면서 학생
을 가르치고(건국 후에는 중앙미술학원 원장으로서) 미술운동을 주
도하고(중국미술공작자협회 주석으로서) 말(馬)처럼 잘 달렸던(수
많은 말그림을 그리면서) 서비홍기념관을 몇 시간 동안 살펴본 추
억은 나에게 잊지 못할 아름다움으로 남았다. 특히 그의 대표작이
라 할 전횡오백사도는 그의 애국심과 유화(油畵) 실력을 유감없이
발휘한 것이어서 더 감회가 깊었다.

153

┌─────────────────────────────────┐
│   메모   │
├─────────────────────────────────┤
│ **주소** : 서성구 신가구 북대가 53호   │
│ **전화** : 2252187   │
│ **우편번호** :100035   │
│ **입장료** : 5원(성인)   │
│ **휴관** : 월요일   │
└─────────────────────────────────┘

18
이허위엔
(頤和園 : 이화원)

북경은 옛도시지만 도시계획이 잘 되어 있고 길이 널찍널찍하여 온갖 차들이 시원스럽게 달린다. 특히 교외로 나가는 길은 최근 확대포장되어 아주 좋다. 북경 시내에서 서북쪽 하이띵구(海淀區)에 있는 유명한 관광지인 이허위엔(頤和園)을 가는 길도 훌륭하다. 이 이화원을 가보지 않고 북경 관광을 했다고 말할 수 없을 만큼 이곳은 꼭 가봐야 할 곳이다. 물론 이화원은 단순한 관광지가 아니다.

이화원은 1750년(청 건륭황제 15)부터 지금까지 250년 동안 전통 원림(園林)으로, 황가어원(皇家御苑)으로, 13억 인민의 놀이터로, 매년 1천만 명에 이르는 외국인의 관광지로 큰 역할을 하고 있다.

입구 매표소에서 만난 한 관리인은 『290ha의 넓은 이곳은 크게 남쪽의 곤명호와 북쪽의 만수산으로 이뤄졌고, 만수산의 주변과 정상에는 수많은 전각·정자·다리·개울·작은 호수·괴석 등이 하나로 어우러져 서방극락세계를 조성하고 있다. 특히 호수가에 구불

北京頤和園
Yi-He-Yuan(Rear+Harmony+Garden, or the Summer Palace), Beijing

이화원의 불향각 : 세계문화유산인 이화원은 전통원림이면서 황가어원이었지만 지금은 세계적인 관광명소가 되었다. 곤명호와 만수산 위의 불향각이 아름답다.

155

이화원의 곤명호 : 바다처럼 넓은 이 호수는 청말 서태후가 더 넓게 더 깊게 팠고,
더 많은 건물을 화려하게 꾸몄다. 봄나들이 나온 관광객이 넘친다.

곤명호의 설경 : 이화원에 오는 관광객은 1년
에 1천만 명을 넘고 있는데 겨울 설경을 보러
오는 사람도 많다. 산·호수·건물·나무·사
람이 하나로 어울려 선경을 이루고 있다.

이화원의 17공교 : 무지개 같은 다리구멍이 17개
있다 해서 17공교라 하는데 중국의 교량 축조술과
중국미술의 특징을 잘 보여주고 있다.

구불 길게 만든 장랑(長廊)은 길이가 728m, 273간(間)이나 되는 세계에서 제일 긴 회랑이다.」라고 자랑하였다.

크고 넓지만 높은 담장 안에 갇혀 살던 황제들이 탁 트인 이곳에 와서 쉬고 놀고 잔치를 벌였던 일을 생각하면서 전각과 당우안에 있는 진귀한 유물을 구경하였다. 그리고 이화원의 중심건축물인 만수산의 불향각(佛香閣)에 올랐다. 250년 전 청나라 건륭황제(1711-1799, 제위 1736-1795)도 몇 차례나 이 가파른 계단을 밟고 올랐을 것이다. 미수(米壽, 88세)까지 건강하게 살았던 그는 만주족출신 황제였지만 한어(漢語)도 잘하고, 몽고어와 서장어 등도 잘 하고, 한문에도 능통하고, 중국 전통문화예술을 사랑하고, 조경예술에도 조예가 깊고, 유교의 통치이념을 따르며 실천하고, 불교와 도교를 신봉하고 그리고 건강하고 인물이 좋았던 황제였다. 또 진시황제·한무제·당고조·징기스칸 이후 제일 유능한 황제라는 말을 들었던 황제였다. 그래서 넓고 넓은 중국땅에는 그의 흔적이 많이 남아 있다.

불향각에 올라 넘치는 인파 속에서 사방을 둘러보았다. 참으로 아름다운 세계였다. 유불도 3교를 다 믿었던 청나라 황제들은 그래서 유교공간인 자금성(紫禁城, 지금의 북경고궁박물원), 불교공간인 이화원, 하늘에 제사지내는 도교공간인 티엔탄(天壇)을 만들었던 것이다. 그러니까 북경을 사흘간 관광한다면 이 세 곳(고궁·이화원·천단)은 꼭 가봐야 할 것이다. 아무리 빨리 봐도 하루씩 걸린다. 그리고 매일 4km이상은 걸어야 한다. 걷지 않고는 볼 수가 없다.

장랑 내부 : 이화원의 곤명호 호수가에 있는 장랑의 길이는 728m 이고, 273간이다. 세계에서 제일 긴 화랑이면서 제일 아름답다고 한다.

배운전 내부 : 만수산 위 불향각을 오르기 전에 황제가 쉬는 곳인 배
운전 내부는 이처럼 화려하게 꾸며져 있다. 황실과 조금도 다르지 않
은 모습이다.

불향각의 가운데에 있는 높이가 36m나 되는 천수천안관세음보살동불상을 보면서 다시 한번 중국과 중국인에 놀랐다. 천 개의 손과 천 개의 눈을 가진 이 관세음보살은 동서남북 어느 곳에 있는 백성이든 모든 백성의 소리를 듣고 모습을 살펴본다는 것이다. 그래서 그럴까. 불향각에 올라간 중국인의 대부분은 빠이빠이(拜拜, 불상에 절하는 행위, 건강과 재복을 달라고)를 했고, 아래쪽에 있는 사람들도 그곳을 향해 끊임없이 절을 하고 있었다.

불향각을 내려오면서 남쪽으로 보이는 호수 곤명호(昆明湖)를 보면 가슴이 시원해진다. 그리고 엉뚱한 생각을 했다. 290ha나 되는 이 넓은 땅에 저렇게 넓은 인공호수를 파고, 그 흙으로 반은 가산(假山)인 만수산을 만들고, 수많은 건물을 짓고, 중국 각 곳에서 각양각색의 괴석을 가져오고(이화원 입구 옆에는 중국에서 제일 큰 정원석이 있는데 1백t은 넘는다고 한다), 건물은 화려 섬세하게 단청을 하고, 또 그 안에 값으로 셈할 수 없는 보물을 넣어두고 한다면 몇천억 원 또는 몇조 원이 들까 하는 그야말로 엉뚱한 생각을 했다.

건륭황제가 15년 걸려(1750-1764) 당시 은450만 냥을 들여 확장공사를 했으니까 지금돈으로는 적어도 4천5백억 원은 될 것이다.

어떻든 이화원은 천인합일사상 · 황권지상사상 · 장생불로사상 · 신선사상 · 향락사상 등을 가시적(可視的)으로 드러낸 황실 정원이다. 행궁(行宮)으로, 어원(御苑)으로 중국 최대 최호화 정원인 이곳에 황제들은 수백 번 찾아왔다. 물론 태후들도 자주 왔는데 특히 청나라 말엽의 서태후(西太后, 慈禧太后)는 해군의 군비까지 돌려쓰면서 이화원을 고치고 넓히고 아름답게 꾸몄다.

161

그러나 이화원은 세 차례의 외침을 받고 많이 파괴되기도 했다. 즉 1860년 영불연합군의 침공, 1900년 8국연합군의 침공, 1937년 일본군의 침공 등이다. 이때 이곳의 많은 건물이 파괴되고 보물은 도난당했다. 특히 1945년 8월 일본군은 구리로 만든 커다란 탁자·항아리·향로·화로 등 30여 개를 일본으로 가져가려다 실패(8월 15일의 항복으로)한 일도 있다.

1928년 7월 정식으로 공원이 된 이화원은 1949년 새정권이 건국된 후부터 새롭게 수리되기 시작하였다. 즉 1980년부터 1996년까지 1천만 명 이상의 인원과 엄청난 공사비를 투입하여 오늘의 모습으로 만들었다.

동궁문과 인수문을 지나 인수전(仁壽殿)을 보고, 7백m가 넘는 호수가의 회랑을 걷고, 불향각을 올라갔다 내려오고, 만수산의 뒤 호수까지 갔다 오고, 곤명호 서쪽의 돌다리(玉帶橋)와 돌배(石舫, 이화원 안에 있는 유일한 양식건축물)까지 보고 오면(물론 그 사이 대관루·낙수당·영수제·배운전·불향각·동정·다보탑·지어교·징상제·동우(구리소)·연못 등까지 다 보면) 아무리 빨리 보아도 5시간은 걸리고 8km는 걸어야 한다. 그래서 관광의 첫째조건은 튼튼한 다리(脚)이다.

19
위엔밍위엔
(圓明園 : 원명원)

원명원은 이화원의 동쪽에 있는데 공원지구와 서양루유지(西洋樓 遺址)지구로 되어 있다. 따라서 입장권을 두 장 사야 되는데 한 장은 공원문표(門標, 10원)이고 한 장은 서양루유지참관권(參觀券, 15원)이다. 또 공원지구는 기춘원(綺春園 또는 만춘원) 복해(福海) 장춘원(長春園)으로 되어 있는데 세 곳이 다 호수여서 관광객들의 뱃놀이터가 되고 있다. 원명원안의 서양루유지는 3천 무(畝) 넓이만 개방하고 있는데 이곳에 방호승경유지·미궁·방외관유지·해안당유지·대수법유지·원명원전람관·방하 등이 다 있다. 전체 넓이가 350ha이니까 원명원은 이화원(290ha)보다 더 넓은 곳이다.

원명원공원 입구에서 택시를 내려 문표를 산 후 들어갔다. 목표는 안쪽 깊숙이 있는 서양루유지와 전람관이었기 때문에 부지런히 걸었다. 왕복 10km를 걸었다. 호수와 숲에서 노는 관람객들을 지나 서양루유지 입구에서 다시 참관권을 산 후 들어갔다. 무너진 석조

원명원 입장권 : 원명원은 크게 세 구역으로 나눠져 있다. 즉 기춘원·원명원·장춘원 등이다. 그래서 다 보려면 표를 두 장 사야 하는데 이 표는 기춘원(공원)에만 들어갈 수 있는 표이다.

건물과 수많은 석재들이 흩어져 있는 모습이 눈에 들어온다. 1860년 10월 영불연합군의 침공과 파괴 이후 1백여 년간 방치되어 오다가 오늘의 모습을 갖춘 것도 신중국 성립 이후(특히 문화혁명 이후) 1980년대초부터 대대적으로 수리 복원하였기 때문이다.

원명원에 대해서 좀더 구체적으로 살펴보면 다음과 같다. 지금 북경시의 서북쪽에 있는 해정구(海淀區)에는 이화원과 원명원 등 관광유원지가 북경대·청화대·중관촌 등 대학과 첨단기술단지가 있어 유명하다. 그런데 북경대학 자리는 옛날에는 승택원(承澤園) 등 4개의 큰 원림(園林)이 있었고, 청화대학 자리는 희춘원(熙春園) 등 2개의 큰 원림이 있었으며, 중국공산당중앙당학교 자리는 자득원(自得園)이 있었다. 그리고 정명원(靜明園, 지금의 옥천산)과 정의

원명원 입장권 : 서양루유지참관권이다.
따라서 이 표를 사야만 기춘원과 원명원을
거쳐서 들어갈 수 있다. 들어가면 역시 역
사의 잔영을 잘 볼 수가 있다.

원(靜宜園, 지금의 향산)도 있었다. 그만큼 청나라 건륭황제 때는
원명원의 크기가 엄청났음을 알 수 있다. 물론 경치도 제일 아름다
웠고, 건축물도 제일 웅장 화려했다. 그러나 지금은 영불연합군의
철저한 파괴와 약탈(1860년) 때문에 가장 많이 훼손되었고, 남쪽에
두 대학과 여러 기관이 들어섰기 때문에 넓이도 줄었다.(그래도 원
명원 서쪽의 이화원보다는 넓다.)

　원명원은 흔히 원명3원(원명원 · 만춘원 · 장춘원)이라고도 하는
데 각각 명승을 많이 가지고 있기 때문에 원명원 48경(景) · 만춘원
30경 · 장춘원 30경이라고 한다. 즉 1백 곳이 넘는 명승절경을 가지
고 있다고 한다. 각 경에는 당연히 많은 전 · 각 · 루 · 대 · 사 · 관
(殿 · 閣 · 樓 · 臺 · 榭 · 館) 등이 있어 경치를 더욱 돋보이게 하고

원명원 복해 : 원명원 안에는 호수가 많은데 이 복해가 제일 넓고 아름답다. 꽃밭도 많고 건물도 많다. 옛날에는 황족의 놀이터였으나 지금은 인민의 놀이터가 되어 관광객이 몰리고 있다.

서양루유지 : 건륭황제(1736~1795) 때 완공되어 프랑스 베르사이유 궁을 능가하던 이곳은 1860년 영불연합군에게 철저하게 파괴되어 이런 모습이 되었다.

서양루유지 : 기둥만 남은 이곳을 중국 정부는 복원하기 위하여 준비 중이다. 그래
서 2001년 안으로 원명원 안에 있는 민가를 다 철거할 계획이다.

있다.

원명원은 요·금·원·명나라 때도 명승지와 휴양지로 널리 알려졌지만 청나라 강희황제 때(1684)부터 본격적으로 건설되기 시작하여 옹정·건륭황제 때 완공되었다고 할 수 있다. 원명원의 가장 화려했던 모습은 그림(회화·판화 등)으로 남아 있는데 그야말로 세계 제일이었다고 하겠다. 청나라 황제들은 일 년의 반 이상을 이곳에서 지냈을 정도로 원명원을 좋아했고, 계속 증축·수리·복원하였다. 함풍황제는 태평천국난 이후(1855)에는 거처를 아주 이곳으로 옮기고(북경 자금성에서) 토목사업을 계속하기도 하였다.

원명원 안 건물은 대부분이 중국 전통궁전양식으로 지어졌지만 서양루(西洋樓) 쪽은 로마와 파리의 석조궁전양식으로 지어졌다. 문·관·정·당(門·觀·亭·堂) 등 많은 석조건물이 17세기 서양식으로 건축되었다. 지금은 석재들만 여기저기 흩어져 있지만 당시 제작된 그림을 보면 베르사이유궁전을 옮겨 놓은 것 같다. 전체 길이는 1km가 넘었다. 중국역사상 권력과 재부(財富)가 가장 넘치는 시절인 청나라 건륭황제 때 완성되었다.

어떻든 원명원은 중국에서 제일 큰 원림인데 이보다 작은 규모의 원림은 소주·항주·양주 등에 아직 남아 있어 서로 비교가 된다.

원명원의 서양루유지(遺址)에서 가장 감동적인 것은 무망국치 기념비(毋忘國恥紀念碑)였다. 세로 2.5m·가로25m 정도 크기의 이 기념비는 나라의 수치(1860년 10월 영불연합군의 침공과 약탈로 당한 부끄러움 등)를 결코 잊어서는 안 된다는 비이다. 나는 원명원 전람관을 들어가기 전에 이 비의 비문(碑文)을 다 읽었다. 부끄러운 역사를 자세히 기록한 중국인의 역사인식과 역사교육에 다시 한번 탄복하는 기회였다. 중국정부는 경제발전을 이룬 후에는 반드시 이 곳을 원상복구하리라 믿게 되었다. 1976년 10월 원명원 관리처가 설립된 후부터 서양루 일대에 대한 대대적인 조사·보호·수복사업이 진행되고 있기 때문이다.

끝으로 1979년 11월에 개관한 원명원 전람관은 규모와 내용이 빈약하여 실망스러웠다. 또 이 원명원유지 공원은 이화원보다 더 넓고, 더 볼 것이 많고, 더 역사의 잔영(殘影)이 짙은데도 관광객이 적어서 섭섭했다. 이화원 관광객의 10분의 1도 안 되는 것 같았다. 홍보가 부족한 탓 같았다.

나는 원명원을 찾아가기 전에 왕위(王威)가 지은 원명원(圓明園)이라는 책(117페이지)을 다 읽고 갔기 때문에 원명원의 영광과 치욕에 더 관심을 가질 수 있었다. 그리고 오전·오후 6시간 동안 10km를 걷고도 피곤한 줄을 몰랐다. 아름다움과 슬픔이 가득 배어 있는 원명원의 대궁문(大宮門)을 나오면서도 만감이 가슴속을 오갔다.

20

뻬이징따쉬에쎄크러카오꾸위이수뽀우꽌

(北京大學賽克勒考古與藝術博物館 : 북경대학쎄크러고고여예술박물관)

2000년 7월 8일 정오무렵에 뻬이징따쉬에(北京大學)를 찾아가 쎄크러고고예술박물관의 위치를 물었는데 많은 학생들의 대답은 뿌즈따오(不知道, 모른다)였다. 이런 현상은 필자가 근무하는 대학에서도 마찬가지다. 대학박물관이 어디에 있는지도 모르고, 일 년에 한 번도 찾아가지 않는다. 도무지 관심이 없는 것이다.

북경대학 부속박물관인 쎄크러고고예술박물관은 북경대학과 미국의 쎄크러예술·과학·인문기금이 합작하여 설립한(1992년10월 개관) 현대식 박물관이다. 미국의 의사·자선사업가·예술품수장가였던 쎄크러(Arthur M. Sackler)는 30년대부터 중국과 인연을 맺고 중국인민과 중국정부를 도왔으며, 많은 중국고대유물을 구입·수장하였다. 그리고 미국워싱톤에 쎄크러미술관·하바드대학에 쎄크러박물관·북경대학에 쎄크러고고예술박물관 등 3개 박물

171

172

北京大学赛克勒考古与艺术博物馆
Arthur M. sackler Museum of Art and Archaeology at Peking University

북경대박물관 입장권 : 세운 지 10 년 쯤 되는 이 쎄크러고교예술박물관은 건물 좋고, 내부 시설 좋고, 유물 좋다. 북경대 서교문으로 들어가야 찾기 쉽다. 연중무휴다.

북경대 구내 석교 : 북경대학의 구내에는 많은 유물(목조·석조 등)이 있는데 이 석교도 3백 년이나 되지만 아직도 아름답고 튼튼하다. 주변의 경치도 아름답다.

관을 세웠다.

북경대학의 쎄크러예술박물관은 1986년에 착공하여 6년 동안 공사 끝에 완공하였는데 겉모습은 중국 전통건축양식이지만 안은 완전히 현대식시설을 갖췄다. 총 건축면적은 4천㎡인데 가운데의 본관(2층)·동서 양쪽의 별관·뒷건물·중앙정원 등으로 되어 있다. 잘 지어진 건물, 아름답게 가꾼 정원, 훌륭한 설비, 값진 유물 등이 하나로 어우러져 유구한 역사와 참신한 현실이 융합되어 있었다.

진열되어 있는 유물은 모두 귀중한 실물들이었다. 출토지가 확실한 발굴품들은 지역과 시대에 따라서 단위별로 전시되어 있었다. 귀중한 유물, 완벽한 시설, 유능한 전문가 등이 창출한 이 박물관이 너무나 부러웠다. 방범·방진·방화시설을 다 갖췄기 때문에 관리인 한 사람만 있었다.

중국고고학·교학표본계열전은 구석기시대고고·신석기시대고고·하상주춘추고고·전국진한고고·삼국양진남북조수당고고·송요금원명자기 등 6개 분야로 구분되어 있다. 이들은 각시대의 사회생산과 생활, 사상과 문화 등을 반영하고 있었다.

고고학과(북경대학의) 최근 발굴사업 성과전은 4개 분야로 구분되어 있었다. 즉 금우산인전(金牛山人展, 1984년에 발굴한 고대인류화석전)·산동장도신석기시대취락유지전(1981-1987사이에 발굴한)·산서곡옥곡촌진문화묘장전(1980년 이후 계속 발굴하고 있는)·하북자현관대요지전(1987년 북경대학과 하북성문물연구소가 연합하여 발굴한) 등이다. 모두 화석·인골·마골·동기·병기·공구·옥석제품·자기·자기파편·각종 기구 등이 출토되었다.

이 박물관 소장품의 대부분은 중국구석기시대부터 명청시대까지의 문물과 연구표본이다. 또 1950년대초 연경대학사전박물관(燕京大學史前博物館)에서 이송해온 것도 있다. 물론 국내외의 개인 · 단체 · 박물관 등에서 기증한 문물과 표본도 많이 있다. 필자가 근무하고 있는 대학의 부속박물관장을 14년간 해 본 경험에 의하면 대학박물관 하나를 제대로 운영하기가 얼마나 힘든가를 잘 알고 있기 때문에 북경대학의 이 박물관이 정말 부러웠다. 관리인 허씨와 많은 이야기를 나누면서 북경대학 박물관의 안팎을 더 잘 알게 되었다.

메 모

주소 : 북경시 해정구 북경대학 구내 서북부
전화 : 6275-1667 · 7151
휴관 : 음력 정월 초하루부터 5일간

175

21

따종쓰꾸종뽀우꽌
(大鐘寺古鐘博物館 : 대종사고종박물관)

경주박물관 뜰안에 세운 종각에 매달려 있는 성덕대왕신종(771년 작, 무게 19t, 높이 345cm, 지름 224cm, 에밀레종 또는 봉덕사종이라고도 함)을 아끼고 사랑하고 자랑하는 필자는 북경에서도 고종을 찾아가 보았다. 그곳은 청나라 옹정황제 11년(1733)에 세운 절(각생사, 속칭 대종사)이었다.

1984년 11월에 문을 연 대종사고종박물관은 남향을 한 장방형의 홍잠회와(紅墻灰瓦)에 7당식(堂式) 불교건물을 갖추고 있는 사찰이었다. 대지면적은 3만㎡이고 건축면적은 4천2백25㎡였다. 깨끗하고 시설도 좋았으며 정원도 아름다웠다.

고종을 수집 소장하고, 연구하고, 복제품도 만들면서 중국의 고종문화를 선전하기도 하는 이 박물관은 중국에서도 유일무이한 곳이다. 고종왕국 같은 이곳에는 32좌(座)나 되는 명청시대의 크고 작은 종들이 여러 곳에 전시되어 있다. 외국의 고종들도 있었는데 한국

의 성덕대왕신종은 실물의 10분의 1정도로 축소 주조된 모조품이
있었다.

이 대종사의 대종은 정원의 한가운데에 우뚝 서 있는 높이 20m
나 되는 대종전(大鐘殿) 안에 있었다. 이 건물의 모양은 아주 별스
러웠다. 아래는 네모나고 위는 둥글며, 사방에는 창이 있고, 건물
안에는 빙글빙글 돌아 올라가는 계단이 있는 정자 모양의 각루(下方
上圓, 四面皆窓, 內有旋梯, 亭形閣樓)였다. 문 위 대들보에는 청나
라 건륭황제가 쓴 화엄각해(華嚴覺海)라는 큰 편액이 걸려 있었다.
건륭은 대종가(大鐘歌)라는 글을 쓰기도 하였다.

대종은 명나라 영락황제 때 만들어졌기 때문에 영락대종이라고도
한다. 어마어마하게 큰 이 종의 크기는 높이 6.75m, 종뉴 1.1m, 밑
지름 3.3m, 아래두께 18.5cm, 위 두께 9.5cm, 무게 46.5t 등이다.
그러니까 경주에 있는 신라시대의 종인 성덕대왕신종보다 2배 이상

대종사 입장권 : 2백70년의 역사를 자랑하는 대종사는
불교사찰인데 깨끗하고 아름다운 정원을 갖추고 있었
다. 32좌나 되는 옛날 종들도 여기저기에 있었다.

크고 무거운 종이다. 필자는 2층계단을 올라가 종의 꼭대기까지 다 살펴보면서 「바보스럽게 큰」 대종에 질리고 말았다.

그런데 이 종은 크기만 큰 것이 아니라 종 내외 벽면에 가득 새긴 글자(불경 23만1백83자)로도 보는 사람을 놀라게 하였다. 반야심경·화엄경·금강경 등 1백여 종의 불경이 양각(陽刻, 凸出)되어 있다. 글자크기 즉 자경(字經)은 2.5cm씩이었다. 해서(楷書)로 단정하게 썼다. 학사이며 서법가였던 심도(沈度)가 한 글자도 빠뜨리지도 않고 잘못 쓰지도 않았다고 설명되어 있다.

종을 엄청나게 크게 만들어야겠다는 황제의 의지, 예술가의 디자인(設計) 수준, 과학기술자의 주조능력, 서법가의 놀라운 서예기법과 계산능력, 46t이 넘는 종을 매달 수 있는 건물을 지은 건축가 등이 혼연일체가 되어 만들어 낸 당시(15세기)의 중국(명나라 초기)을 생각만 해도 기가 질리고 만다.

이 대종의 성분은 동(80%) 주석(16%) 납(1%) 등과 기타(철 등)였다. 이 종을 한 번 치면 그 소리는 50km 밖에서도 들을 수 있고, 여음은 1분 이상 계속된다고 하였다.

삼층 중첩식 횡량(대들보의 두께는 가로 세로 60cm씩)에 매달려 있는(지표면에서 50cm 떠서) 모습은 활짝 핀 꽃을 거꾸로 엎어 놓은 것 같았다. 크지만 잘 생기고 예쁜 성덕대왕신종을 잘 알고 있는 필자의 눈에는 이 종은 매력이 없었다. 중국미술의 특색만 눈에 띄었다. 거대성·완벽성·섬세성 등-.

대종사고종박물관의 진열순서는 대종사역사연혁·편종예악대관·고종주조공예·고종약사·고종기원·종왕명문·영락대종역

대종사 정원 : 중국에서 하나뿐인 이 고종 박물관에는 중
국 종뿐만 아니라 외국 종도 있었는데 10분의 1로 축소된
에밀레종도 있었다. 실물 크기로 만들어 기증하면 어떨까.

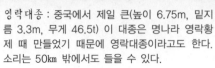

영락대종 : 중국에서 제일 큰(높이 6.75m, 밑지름 3.3m, 무게 46.5t) 이 대종은 명나라 영락황제 때 만들었기 때문에 영락대종이라고도 한다. 소리는 50㎞ 밖에서도 들을 수 있다.

사성인·종령대관진열 등이었다. 물론 480점의 크고 작은 종들은 대웅보전·관음전·장경루· 대종루 등에 분산 진열되어 있다.

특히 전국시대 증후을편종(曾侯乙編鐘) 65점을 복제하여 진열하고 있는 전시실은 아주 좋았다. 7성 음계와 12개 반음을 갖추고 있는 음역이 넓은 편종이었다. 고전음악가들은 이 편종을 이용하여 춘강화월야· 죽지사· 초원상· 환락송· 앵화· 일로평안 등 여러 곡을 연주하였다고도 한다. 또 이 박물관에서는 새해 첫날과 음력 설날(春節)에 이 편종을 비롯한 고전악기를 가지고 음악회를 열어 많은 관중들을 즐겁게 해주고 있다고 하였다.

중국도 산업화· 현대화· 세계화 과정에서 전통문화를 잊어가고 있는데(특히 청소년들이) 전통문화 지킴이들이 열심히 노력하고 있는 모습이 아름다웠다. 우리 한국도 국립국악당에 이와 비슷한 고전악기 전시실이 있고, 유명사찰에 성보박물관이 계속 설립되고 있어서 반갑긴 하지만 중국처럼 좀더 큰 규모와 시설을 갖췄으면 좋겠다.

22

뻬이징이수뽀우꽌
(北京藝術博物館 : 북경예술박물관)

택시기사는 뻬이징이수뽀우꽌을 잘 모르고 있었다. 한자로 北京藝術博物館이라 써줘도 몰랐다. 그래서 완쏘우쓰(萬壽寺)라고 말하니까 알겠다고 하면서 데려다 주었다. 개관한 지 10년이 넘었지만(1987년 개관) 잘 알려지지 않아서 그렇다.

어렵게 찾아간 북경예술박물관은 중국 전통양식의 고건물 안에 있었지만 시설도 좋고 유물도 좋았다. 대지면적 1만4천㎡, 건축면적 5천㎡였다. 본래는 명청 두 나라 때의 황가묘우(皇家廟宇) · 집사묘(集寺廟) · 행궁(行宮) 등이었기 때문에 풍격이 독특했다. 건물도 많았는데 천왕전 · 대웅보전 · 만불각 · 대선당 · 건륭비정 · 무량수불전 · 광서어비정 · 천불각 등이 즐비했다. 황제들이 이화원을 갈 때 쉬었다 가던 곳이어서 경서소고궁(京西小故宮)이라는 별칭이 생기기도 하였다.

1천 2백㎡의 전시실은 4개로 나눠져 있는데 고건축물의 내부를 완전히 현대식으로 꾸몄기 때문에 여러 가지(냉난방시설·조명시설·방화시설·전시시설 등)가 아주 훌륭했다. 제1전시실은 만수사 4백 년 연혁사를 소개하는 방이다. 제2전시실은 천왕전 안에 있는데 중국 전각예술품을 전시하고 있다. 진한시대부터 명청시대까지 유물 1백여 점이 전시되어 있는데 문자·인뉴·각공·용도·유별·재료 등 다양한 각도에서 전통전각예술의 발전을 이해하도록 하였다. 재료는 구리·옥·돌·상아·대 등을 다 갖췄다. 눈에 띄는 것은 명말의 문팽·하진지(文彭·何震之) 등의 작품을 많이 소장하고 있는 점이다. 물론 등석여·오창석·제백석·동기창·조지겸·임백년·장대천 등의 작품도 소장하고 있다.

천왕전의 동서배전(配殿)은 제3전시실로 쓰고 있는데 이곳엔 불교예술품 60여 점이 진열 전시되어 있다. 북위시대의 금동불상·원대의 자기관음상·당대의 불화 등도 있다.

대웅보전의 서배전은 제4전시실로 쓰고 있는데 이곳엔 명청자기가 전시되어 있다. 즉 명대 영락선덕청화자기·청대 강희건륭청화자기·만력오채자기·강희오채자기 등이 명품들이다. 이곳의 진열품은 시대순이 아니라 중요도순으로 되어 있는 것이 특징이다. 따라서 관람자는 중국고대자기가 중국예술사와 세계예술사에서 차지하는 위치와 역할을 쉽게 이해할 수 있다.

이 예술박물관은 상설전시외에 특별전과 기획전을 열어왔는데 일본예술전·용예술전·생활미술전·중국근백년회화전·명청궁정자수전·청대황실서화전 등이 그렇다. 또 학예원들은 중국미술사뿐만 아니라 외국미술사도 연구하고 미술교육과 문화 예술 지식보

북경예술박물관 입장권 : 예전에는 만수사라는
절이었는데 1987년부터 박물관으로 꾸몄다. 사찰
건물도 많고 유물도 많았다. 내부시설도 잘했고 유
물도 좋은 것이 많았다.

청화모란당초문매병 : 이 예술박물관의 명청자기관에는 명청공예품관처럼 명청시대
의 자기가 많고 좋았다. 이 매병은 경덕진가마에서 만든 것인데 일급품이다.

급에도 노력하고 있다. 특히 일본미술품과 일본미술사연구가 활발하다. 이 박물관에는 현재 1천 점이 넘는 일본미술품이 소장되어 있고, 일본예술연구회도 두고 있다. 이 박물관의 소장도서도 20만 권이 넘고 기타자료도 5만여 점이나 된다.

23

뻬이징민쑤뽀우꽌
(北京民俗博物館 : 북경민속박물관)

모든 박물관이나 미술관은 많은 유물을 가지고 있지만 대표적인 작품을 내세워 상징으로 삼는 경우가 있다. 이 뻬이징민쑤뽀우꽌도 유명한 대표 유물을 가지고 있다. 그러니까 일반관람자는 많은 유물도 중요하지만 단 하나의 대표유물을 보기 위해서 그 박물관을 찾아가는 경우가 많다. 이 북경민속박물관(민속박물관이라는 이름보다는 동악묘로 더 알려진 곳이다)도 그런 유물을 가지고 있는데 그것이 바로 원나라때의 유명한 서화가였던 조맹부(趙孟頫, 자오명푸, 1254-1322)가 쓴 도교비(道敎碑, 높이 4m, 폭 1.5m)이다. 그러니까 북경민속박물관에 가서 7백 년이나 된 이 조맹부의 도교비 하나만 봤다고 해도 잘못했다고는 할 수 없을 것이다.

1319년(원 원우6)에 세운 동악묘는 동악대제(東岳大帝)와 여러 신을 제사지내기 위한 묘(廟)이다. 구성은 중로(中路)의 정원(正院)·동서도원(東西道院) 등 3개 부분으로 되어 있다. 도교의 여러 종파

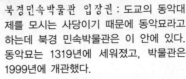

북경민속박물관 입장권 : 도교의 동악대
제를 모시는 사당이기 때문에 동악묘라고
하는데 북경 민속박물관은 이 안에 있다.
동악묘는 1319년에 세워졌고, 박물관은
1999년에 개관했다.

188

중 하나인 정일파(正一派)의 화북지구 최대 묘우(廟宇)이다. 건물들
도 크고 아름다우며 정원도 잘 정비되어 있다. 또 정원에는 석비도
많아 서안비림(西安碑林)에 버금갈 정도다.

　우리들은 흔히 옛 중국을 유교국가로만 알고 있는 경우가 있는데
이것은 잘못된 것이다. 통치자들(황제와 귀족들)은 유교의 왕도사
상(王道思想)에 의해 나라를 다스리면서도 장생불사(長生不死)와
왕생극락(往生極樂)을 원했기 때문에 도교와 불교도 신봉하고 사원
건설에도 적극적이었다. 그러니까 중국을 가보면 공묘(孔廟)나 향
교(鄕校) 못지않게 도관(道觀)과 사원(寺院)이 많고 잘 보존되어 있
다. 조선시대에도 왕들은 공맹(孔孟)을 받들고 유가질서에 의해 통
치하면서 불교사찰에 내탕금을 주기도(억불령과 폐불령 등으로 겉
으로는 불교를 탄압하면서) 하였다. 북경에도 유교공간인 자금성

(지금의 고궁박물원), 불교공간인 이화원, 도교공간인 천단 등이 있는 것만 보아도 이런 사정을 잘 알 수 있다.

이 동악묘도 1319년 건립된 이후 계속하여 역대 황제들이 적극적으로 증건 확대하였다. 특히 청나라의 강희와 건륭황제는 더욱 그랬다. 그러나 1900년의 8국 연합군의 북경침공, 1937년 일본군의 북경점령, 1945년이후 내전 등으로 동악묘의 유물은 대부분 유실되었고 건물도 많이 파괴되었다.

동악묘의 수리 수복은 1996년부터 시작되었고 1999년 봄에야 일반에 개방되었다. 동악묘에는 모두 1천3백여의 존상(尊像)이 있는데 이 가운데 주전인 대악전(岱岳殿)에 있는 동악대제상(東岳大帝像)이 제일 크다. 높이 4.46m이고 금신(金身)인데 옥라대(玉羅台) 아래 양쪽에는 4구의 문신상과 4구의 무신상이 있다. 이 8구의 존신상(尊神像)은 조각도 잘 되고 신운도 초속하여 고대종교예술의 정품(精品)이라는 말을 듣고 있다. 동악묘의 2대 특징은 기둥에 글을 써 붙인 영련(楹聯)과 비석이 많은 것이다. 모든 건물의 모든 기둥에는 여러 글씨모양(書體, 예서·행서·전서·해서·초서 등)으로 쓴 영련이 붙어 있다. 예를들면 倚勢欺人 人或容神明不恕, 瞞天昧己 己未覺造物先知, 我命在我不在天, 壽以德延 莫謂遐齡不在己 福因善造 當知富貴亦由人 같은 글귀들이 나무판에 새겨져 붙어 있는 것이다. 이런 글들은 모두 당대의 저명인사나 서예가들이 쓴 것이어서 마치 영련서법전을 보는 것 같기도 하다.

비석은 140여 통(通)이 즐비하게 이곳저곳 서 있다. 특히 중로정원(中路正院)에는 89통이나 있어 장관이다. 특히 조맹부가 글을 짓

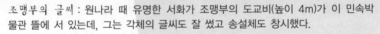

조맹부의 글씨 : 원나라 때 유명한 서화가 조맹부의 도교비(높이 4m)가 이 민속박
물관 뜰에 서 있는데, 그는 각체의 글씨도 잘 썼고 송설체도 창시했다.

조맹부의 그림 : 조맹부는 산수화와 말그림을 잘 그렸는데 그의 글씨와 그림은 고려
와 조선시대의 서화에 많은 영향을 주었다. 이 그림은 인마도이다.

고 글씨를 쓴 도교비(정식명칭은 張留孫道行碑)는 비문을 앞뒤에 28행씩 썼다. 글자는 매행 60자씩이다. 그러니까 모두 2천7백86자의 비문(碑文)을 쓴 셈이다. 조맹부의 만기작이며 대표작이다. 이 도교비는 유리로 사방과 위를 덮었기 때문에 비바람을 맞지 않고 있다. 대단한 국보였다. 이 비를 바라보면서 필자는 조맹부의 생애와 예술을 생각하게 되었고, 그의 유명한 그림 작화추색도(鵲華秋色圖, 작산과 화산의 가을경치 그림)를 눈으로 그렸다.

끝으로 필자가 찾아간 2000년 7월은 용해여서 갖가지 용 모양의 민속품이 전시되고 있었는데 금룡(金龍)이 가득 차 있었다. 금룡은 청룡·황룡·흑룡 등 많은 용 가운데에서 제일이라는 미신(민속신앙)이 있기 때문이다. 특히 가위로 종이를 잘라 만든 전지용(剪紙龍)이 많고 인상적이었다.

이 민속박물관을 다 보고 나오면서 『참 잘 왔다. 이 많은 고건축·고원림·신상·영련·비각(碑刻) 등을 보지 않았으면 얼마나 아쉽고 섭섭했을까.』하는 생각을 했다. 나오면서 다시 본 정문 앞의 커다란 석비와 당간이 더 잘 생겨 보였다. 아직도 공산주의(사회주의) 국가이고 공산당이 지배하는 중화인민공화국이지만 옛문화를 아끼고 보존하는 중국이 부럽고 존경스러웠다.

192

24
류우리치앙
(琉璃廠 : 유리창)

외국인 관광객이 강남의 테헤란로를 걸으면서 서울을 구경한다면 그의 눈에 드는 관광명소가 있을까. 코엑스빌딩이나 포스코빌딩이 볼 만하다고 할까. 결코 그렇지 않을 것이다. 그런 정도의 건물은 세계 어느 곳을 가도 다 볼 수 있으니까 흥미를 끌지 못할 것이다. 경복궁은 어떨까. 역시 마찬가지다. 북경의 고궁에 비하면 별것이 아니니까. 창덕궁은 어떨까. 흥미로울 것이다. 이유는 아주 독특하고 한국적이니까 외국인의 눈에는 환상적이고 재미있을 것이다.

마찬가지로 인사동은 가장 한국적이고 개성이 있는 곳이므로 외국인들은 인사동을 찾는다. 인사동에는 한국의 역사와 전통 그리고 그곳만이 가지고 있는 문화가 있기 때문에 그곳에 가면 외국인이 많다. 그곳에서 그들은 전통민속품도 사고 전통차도 마시며 또 전통풍물놀이도 구경한다. 더군다나 2000년 가을에 새로 단장한 인사동 거리는 서울의 대표적인 관광거리가 되었으므로 외국인에게 부끄러움 없이 보여줄 수 있는 거리가 되었다.

북경의 유리창(琉璃廠) 거리가 역시 그렇다. 물론 북경은 현대화가 급속히 진행되고 있는 거대도시이지만 아직도 옛 문화유산이 많이 남아 있고, 그 향기가 짙은 곳이다. 그래서 서양과 다르고 한국과도 다른 곳이 어디에 있을까 하고 찾게 된다. 필자처럼 문화재청의 전문위원을 20여 년간 했고, 문화재위원을 여러 해 계속하고 있는 미술사가에게는 북경의 인민대회당이나 고층빌딩은 별로 흥미가 없다. 북경 시내의 중심 동서를 가로지르는 넓고 긴 거리(동쪽에서 서쪽으로 쭉 뻗은 建國路 建國門外大街 建國門內大街 東長安街 西長安街 復興門內大街 復興門外大街 復興路까지의 12km)에는 몇십 층씩이 되는 건물(사무실·호텔·정부청사 등)이 헤아릴 수 없이 많이 들어서고 있다. 참으로 빠른 속도와 감각으로 옛건물을 헐고 새건물을 짓고 있지만 그것이 중국문화를 상징하지는 않는다. 상징할 수도 없다. 높고 깨끗하고 편리할 뿐이지 중국문화·중국향기·중국전통이 그곳에 있진 않다.

유리창, 정확하게는 유리창 상가거리에는 옛 중국문화와 예술이 아식노 넘치고 있다. 북경시 선무구 남신화가(南新華街)의 동서쪽(동쪽으로는 前門大街, 서쪽으로는 宣武門外大街)에 6백여 년 전부터 자리잡고 있는 유리창은 세계적으로 널리 알려진 곳이다. 조선시대 북학파 학자들(박지원 박제가 등)도 유리창을 찾아가 구경하고, 책 사고, 글씨와 그림을 보곤 하였다. 이 관광명소에는 문방구점·고서점·골동품점·표구점·도장포 들이 빽빽하게 있다. 진품·복제품·모사품·신작품 등이 넘치고 있어 전문가도 판별하기

북경 유리창 : 북경 유리창 상가 거리는 서울의 인사동 거리
보다 더 길고·화려하고·상점도 많다. 6백여 년의 역사를
자랑하고 있고 골동품·문방구·고서 등 뭐든 사고 판다.

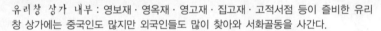

유 리 창 상 가 내부 : 영보재 · 영옥재 · 영고재 · 집고재 · 고적서점 등이 즐비한 유리
창 상가에는 중국인도 많지만 외국인들도 많이 찾아와 서화골동을 사간다.

힘들 정도다.

원나라때 유리기와를 만들던 이곳이 명나라 때부터는 상가로 변했고, 청나라 때부터는 고서와 골동품을 취급하는 곳이 되었고, 18세기 후반부터는 선비와 호사가(好事家)들이 꼭 찾아보는 명소가 되었다. 그래서 조선에서 청나라로 가는 연행사신(燕行使臣)과 그들의 수행원들도 찾아갔던 곳이다. 이곳에서 수백 년씩 영업을 하고 있는 상점으로는 榮寶齋 榮玉齋 榮古齋 寶古齋 韻古齋 輻玉齋 集古齋 古籍書店 墨緣閣 悅雅臺 虹光閣 등 많기도 하다. 또 북경오리음식으로 유명한 北京烤鴨店, 북경경극을 상연하는 湖廣會館과 前門飯店의 戲院 등이 있어 관광객의 눈과 입을 즐겁게 해준다. 필자도 유리창일대를 서너 시간 어슬렁거렸는데 정말 재미있었다. 특히 영보재(서울 인사동에도 지점이 있다)는 오래되고 크고 깨끗하고 비싼 서화골동품도 많아서 눈이 휘둥그래졌고 입이 벌어졌다. 그야말로 나이 먹은(오래 된) 것은 다 있었다. 필자가 찾아간 날 기온은 섭씨 38도였는데 영보재 실내는 에어컨 시설이 좋아 아주 시원했다. 일본인 관광객이 특히 많았다.

유리창에 있는 古籍書店(옛날책 진본과 복제본을 전문으로 취급하는 서점이다)에서 북경사(北京史)라는 책을 25위엔(元, 한국돈 4천원 정도)에 사들고 호텔로 와서 읽어본 필자는 북경의 역사와 유리창의 내력을 더 소상히 알 수 있었다. 4백55쪽이나 되는 좋은 책이었다. 현대중국의 문장가였으며 사상가였던 루쉰(魯迅)도 북경에 살 때는 거의 매일 유리창을 드나들었다. 나도 그를 흉내내 몇 차례나 유리창을 찾아가 이 골목 저 골목을 보았다. 마치 인사동골목을

헤집고 다니듯이-.

　그러니까 낮에는 유리창에서 눈요기를 다 채우고, 저녁식사는 북경군오리고기로 맛있게 먹고, 밤에는 경극(京劇)을 즐긴다면 북경 관광은 행복한 여행이 될 것이다. 물론 예습이 필요하다. 아는 만큼 볼 수 있고, 즐길 수 있고, 행복해질 수 있기 때문이다. 그리고 그날 보고 느낀 점을 꼭 일기를 써서 남겨야 할 것이다. 그래야 역사에 기록하는 것이니까-.

25
티엔탄
(天壇 : 천단)

티엔탄(天壇)은 이 책 18)이허위엔(頤和園 : 이화원)에서도 언급
했지만 도교공간, 즉 황제가 주관하여 하늘에 제사지내는 곳이다.
유네스코가 지정한 세계문화유산이기도 한 이곳은 북경 시내의 남
쪽 숭문구에 있는데 세계 최대 고대제천건축이다. 명나라 영락황제
때(1420) 세우고 청나라 때 계속 증축하고 고쳤지만 대부분이 명대
건축이라 하겠다. 천단은 옛날부터 하늘의 신에게 제사를 지내던
곳인데 명·청시대에는 매년 이곳에서 제사를 지냈다.

중국인들의 천원지방(天圓地方, 하늘은 둥글고 땅은 모가 났다)
사상에 의하여 북쪽(내단)은 둥글고 남쪽(외단)은 네모나게 했고, 주
위를 붉은색의 담장벽(5km)으로 둘러쌌다. 물론 동서남북에는 문
이 있고, 남북 일직선(1km)상에 건물을 배치했다. 건물은 기년전·
황궁우·원구단 등이다. 외단의 대부분은 몇백 년씩 되는 소나무와
잣나무 숲으로 이뤄졌다.

천단 조감도 : 세계문화유산인 천단은 중국의 전통
철학과 통치이념을 상징하는 곳인데 하늘·땅·사
람(천지인)을 잇는 풍요로운 제단이기도 하다.

천단의 기년전 : 3단으로 쌓아올린 백색
대리석 단 위에 3층의 원형목조건축물을
지었는데 높이는 38m이다. 천단에서 가장
크고 아름답다.

기년전 뒤뜰의 잣나무 : 수백 그루의 오래된 소나무와
잣나무에는 모두 번호표가 붙어 있고 수령이 밝혀져 있
는 것도 있다. 사철 푸르러 더욱 의젓하고 아름답다.

원구 : 남북일직선상에 있는 세 구조물은
약 3백m씩 사이를 두고 남쪽에서 북쪽으
로 원구·황궁우·기년전 순서로 배치되
어 있다. 원구에는 목조건물이 없다.

기년전은 3층 원형 목조건축물인데 높이는 38m나 된다. 천단에서 가장 크고 아름답다. 황궁우는 파란색 기와지붕의 원추형 목조건축물인데 회색벽으로 둘러싸여 있다. 원구단은 3층으로 만든 단으로 단 위에 건축물은 없다. 진짜 천단인 셈이다. 원구단은 원구(圓丘)라고도 한다.

이 천단을 구경하려면 남문에서 들어가 북문으로 나와야 한다. 북문으로 들어가면 거꾸로 보는 셈이다. 이런 것은 자금성(고궁박물원)도 마찬가지다. 그리고 가운데 남북일직선(중축선) 위에 있는 건물만 보지 말고 좌우대칭으로 있는 건물과 내부구조(못을 쓰지 않고 결구한 목조건물)를 살펴봐야 한다. 주변의 잘 생기고 오래된 소나무와 잣나무(古松柏林) 숲속을 걷는 즐거움도 대단하다.

메 모

주소 : 북경시 숭문구 영정문대가 동측
전화 : 67028866
입장료 : 14원
개관 : 연중무휴

중국문화유산기행 I

4
기
타

1
허난뽀우위엔
(河南博物院 : 하남박물원)

중국의 23개 성(省) 가운데 발음이 비슷하여 구별하기 힘든 성이 4곳 있는데 허난·후난·허뻬이·후뻬이(河南·湖南·河北·湖北)성이 바로 그렇다. 허난과 허뻬이 두 성은 황허(黃河)를 사이에 두고 남북으로 있어서, 후난과 후뻬이 두 성은 뚱팅후(洞庭湖)를 사이에 두고 남북으로 있어서 그런 이름이 생겼다.

그러니까 허난성 쩡조우(鄭州)에 있는 성립박물관인 허난뽀우위엔은 황허의 남쪽에 있는 큰 박물관이고 국가중요문물(문화재)이 많으므로 박물원이라는 명칭을 가지고 있다. 물론 황허문명권의 대표지역에 있으므로 아주 중요하고 좋은 유물이 많다. 그래서 꼭 찾아가 봐야 할 곳이다.

그러나 하남박물원을 가는 여정은 힘들었다. 북경에서 비행기로 갈 수도 있지만 기차로 갔다. 북경서역(北京西站)에서 밤 10시38분 야간 급행침대차를 타고 가면 꼭 8시간 걸려 정주역(鄭州站)에 도

하남박물원 입장권 : 중국에서 박물원은 박물관보다 격이
높다. 하남박물원은 황하 중류지역에서 발굴된 유물이 많
다. 건물 모양은 중국고대 청동기 모양을 원용한 것이다.

하남박물원 중앙홀 : 하남박물원의 중앙홀은 넓고 천
정이 높다. 벽에는 중국의 고대전설을 부조로 꾸민 것이
있다. 이곳에서는 각종 강연과 연희도 행해진다.

착한다. 정주는 상중기이리강(商中期二里崗) 문화의 중심지이기 때문에 4천여 년 전의 유적지가 많이 있다. 그런 곳 중의 한 곳이 오허(隞墟)인데 필자는 이 유적지에 남아 있는 흙담(城墻)과 그곳에서 출토된 유물들을 아침 일찍 살펴보고 하남박물원으로 갔다.

1998년 5월에 신축 개관한 하남박물원은 건물도 웅장하고 좋았지만 소장유물도 놀라울 만큼 많고 좋았다. 이렇게 좋은 박물관을 왜 일찍이 찾아오지 않았을까 후회할 정도였다. 본격적으로 이 박물관을 살펴보기 전에 중국의 문화유산을 제대로 보려면 다음 지역은 꼭 가야 한다.(지역별로 5곳씩만 간추렸다.)

화북지역 : 북경 · 곡부 · 낙양 · 대동 · 정주
화중지역 : 상해 · 항주 · 소주 · 남경 · 무한
화남지역 : 광주 · 장사 · 악양 · 계림 · 하문
동북지역 : 할빈 · 장춘 · 심양 · 연변 · 대련
서북지역 : 서안 · 함양 · 난주 · 돈황 · 투루판
서남지역 : 성도 · 중경 · 곤명 · 대리 · 라사

즉 6개 지역의 30개 도시를 찾아가야 되고 한 도시에서 적어도 서너 곳의 박물관 · 미술관 · 유적지 등을 방문해야 하니까 중국을 제대로 알려면 1백 곳은 가서 살펴봐야 된다는 얘기다. 시간과 여비도 많이 들고 공부도 많이 해야 한다. 그래야 전문가가 될 수 있다.

하남박물원의 역사는 대략 다음과 같다. 1927년 하남성성립박물관으로 출발하였는데 당시는 하남성에서 유일무이한 박물관이었

다. 1961년 인민로로 옮긴 후 발전을 거듭하여 전국 8대 박물관 가운데 하나가 되었다. 소장품은 청동기와 도자기가 제일 많아 10여만 점에 이르렀다. 1991년에는 박물관의 규모를 더 확장하기로 하고 우선 농업로에 새로운 건물을 짓기로 하였다. 또 이름도 하남박물원으로 고쳤다. 새 박물원의 대지면적은 10여만㎡, 건축면적은 7만8천㎡, 전시장면적은 1만여㎡가 되었다. 건물의 높이는 45.5m이며 4층인데 현대예술풍격과 전통건축양식을 조화시켰다. 1998년 5월 1일 새 박물관은 준공 개방되었다.

하남박물원에는 모두 19개의 전시실이 있다. 상설전시실 · 기획전시실 · 대규모 국제전시실 등이다. 주관(主館)1 · 2층 8개 전시실은 〈하남고대문화의 빛〉이라는 주제로 가장 기본적인 유물을 전시하고 있다. 3층에는 〈초국청동기관〉〈하남고대옥기관〉〈명청공예진품관〉 등이 있고, 4층에는 하남의 서섬일대에서 출토된 공룡알화석 등을 전시했다. 주관의 서측배청(西側配廳)은 〈하남고대석각예술관〉이고, 동측배청은 〈중원백년풍운관〉이다.

전시실과 유물을 좀더 자세히 살펴보면 더욱 흥미롭다. 〈하남고대문화의 빛〉은 원시시기 · 하상주시기 · 양한위진남북조시기 · 수당시기 · 송금원시기 등으로 나눴고, 시작과 끝에 서청(序廳)과 관중참여청을 둬 참관자의 이해를 도왔다. 채도항아리 · 청동기 · 도용(陶俑) · 삼채용 · 전(磚) · 청명상하도장경(場景) 등이 볼 만하였다. 중국인들의 웅장하면서도 세심함에 놀랐다.

〈중원백년풍운관〉은 서막청 · 고난과 항쟁 · 서광초조(曙光初照) · 중원성화(星火) · 동구적개(同仇敵愾) · 주향광명(走向光明)

사양 방존 : 네 마리 양을 만들어 붙인 방존(네모 잔)인데 기원전 1천3백 년 전의 안양시대 유물이다. 입지름이 52㎝나 되는 대형으로 귀물이다.

운문동금 : 구름무늬 장식을 한 청동제 악기다. 춘추시대(기원전 5세기) 유물로 동물과 자연무늬를 주로 한 초기 청동기의 특징을 잘 보여주고 있다.

청동제호 : 기원전 5세
기, 즉 춘추시대 유물인
데 높이가 40cm나 된
다. 완벽한 과학기술과
아름다운 대칭미를 보
여주는 유물이다. 하남
박물원에는 이런 유물
이 많다.

등으로 나눴다. 1840년 아편전쟁 발발 이후 1949년까지의 하남성
인민들의 투쟁사(제국주의 · 봉건주의 · 관료주의 · 자본주의 등과)
를 4백여 점의 유물과 문헌자료 · 3백60여 장의 사진과 그림 · 60여
점의 모형 등으로 잘 정리하였다.

　〈하남고대석각예술관〉은 반지하층에 있었다. 무거운 석각예술품
이 많기 때문이었다. 각종 화상석각 · 불교석각 · 불상조각 · 석비
등이 가득했다. 필자가 본 중국의 여러 박물관에 전시된 석각예술품
가운데에서 제일 규모가 크고 종류가 다양했으며 풍부했다. 각 전시
실을 다 본 후 다시 봤지만 볼수록 흥미롭고 감격적이었다.

　〈하남고대건축명기관(明器館)〉은 한대도루(陶樓) · 한대도수사(陶

水榭)·한대도거사(陶居舍)·당송불탑·명대도원락(陶院落) 등으로 나눠졌다. 한당송명시대의 무덤에서 출토된 유물들인데 당시의 건축구조물들의 모형인 셈이다. 정교하면서 보존상태가 아주 좋았다. 우리 나라 삼국시대의 가형토기(家型土器)들과 비교되었는데 중국 것에 비하면 우리 것은 너무나 작고 소략한 편이다.

〈초국청동예술관〉은 하사초묘(下寺楚墓)청동기·화상령(和尙領) 서가령(徐家領)초묘청동기 등의 주제로 나눠 전시했다. 석기·주기·수기·악기·거마기(車馬器) 등이 즐비했다. 2천4백여 년 전의 청동예술품이 휘황찬란했다.

〈하남고대옥기관〉의 진열품도 아름다웠다. 예옥·장식옥·장옥(葬玉)·완상옥 등으로 나눠 진열했다.

〈명청공예진품(珍品)관〉은 자기·작기·아조(牙彫, 상아조각)·칠기·법랑기·금은기·채회동용(彩繪銅俑) 등으로 분류 전시했는데 한결같이 아기자기했다.

4층의 〈공룡세계관〉은 단화석(蛋化石)·방생룡(仿生龍)·생태화(生態畵) 등으로 나눠졌는데 어린이들이 많이 보고 있었다.

하남박물원은 현재 관람자 제일 우선을 목표로 하면서 각종 서비스를 제공하고 있다. 자동화·전산화·영상화 등 각종 현대식시설에 치중하고 있으면서 아동과 성인을 위한 각종 교육프로그램도 실천하고 있었다.

이 박물원을 다 보고 나오면서 우리도 이런 박물관이 있었으면, 이런 박물관의 관장을 해봤으면 하는 생각을 했다. 몸은 피곤했지만 마음은 행복했다.

2
룽먼쓰구
(龍門石窟 : 용문석굴)

필자의 전공은 중국회화사이니까 중국조각사 특히 불교조각사에 대해서는 잘 모른다. 다만 30년 전 중국유학 때 불교조각사를 한 과목 배웠을 뿐이다. 그러나 관심은 많아서 여러 책을 읽었는데 그 가운데에는 중국고대석조예술논집(1985) 낙양문물여고적(1987) 용문석굴예술(1995) 등 기본도서가 들어 있다. 이 중 중국고대석조예술논집에는 12편의 논문이 실려 있어서 폭넓은 지식을 얻을 수 있었다.

중국불교조각사를 공부하고 잘 알기 위해서는 돈황석굴·운강석굴·맥적산석굴·용문석굴 등을 직접 찾아가 보는 것이 가장 좋은 방법이다. 오늘은 우선 용문석굴을 찾아가 수백년에 걸쳐 조성된 중국의 고대불상조각에 대해서 알아보겠는데 용문을 가기 전에 낙양(뤄양·洛陽)의 역사와 유적을 살펴보겠다.

낙양은 중국 6대 고도(古都) 중 하나로서 옛 역사와 문화의 보고

(寶庫)이다. 낙양은 하남성 서부 황하중류의 남안에 있는데 북쪽에는 망산(邙山), 남쪽에는 용문(龍門), 서쪽에는 함곡(函谷), 동쪽에는 호뇌(虎牢)가 있는 분지다. 그래서 옛날부터 천하 제일 명당이라 했다.

수십만년 전부터 이곳에서 산 중국인들은 많은 유적을 남겼는데 원시촌락만 해도 50여 곳에 남아 있다. 기원전 21세기에 화하족(華夏族)은 이곳에서 하왕조(夏王朝)를 세웠다. 즉 황하와 낙수 사이의 낙양평원에 세웠다. 상(商) 역시 기원전 16세기에 이곳에 도읍을 정했고, 주(周)는 이곳을 행도(行都)로 정했다. 그리고 770년 평왕 때는 국도(國都)를 아주 이곳으로 옮겨왔기 때문에 이때부터를 동주(東周)라 했다.

낙양은 이 무렵부터 구조 고도(9朝古都)가 시작되었다. 즉 동주·동한·위·서진·북위·수·당·후량·후당 등 아홉 왕조가 이곳에 국도를 정한 것이다. 그러니까 1천7백 년 동안 화하문화·황하문화·화북문화가 이곳에서 찬란한 문화의 꽃을 피운 것이다. 낙양에서 인기작가가 나타나 책이 잘 팔리면 『낙양의 종이값을 올린다.』는 말이 생겼고, 사람이 죽는 것은 다 이유가 있기 때문에 『북망산의 무덤 중 평계 없는 무덤은 하나도 없다.』는 말도 생겼다. 또 당나라 때의 이름 있는 문학가들은 이곳을 주제로 많은 글을 썼는데 특히 이백·두보·백거이 같은 시인들은 좋은 시를 많이 남겼다.

요컨대 황하문화는 황하가 흐르는 방향에 따라 보면 함양·장안(서안)·정주·낙양·개봉으로 이어지면서 성쇠를 거듭하였다고 할 수 있다. 따라서 황하문화를 잘 이해하려면 이 다섯 고도를 찾아

용문석굴 정문 앞 : 2000년 8월 15일, 비온 뒤의 날씨는 아주 좋았다. 하남성 서부 황하 중류의 남안에 있는 낙양 시내에서 12km 남쪽 교외에 있는 용문석굴은 장관이었다.

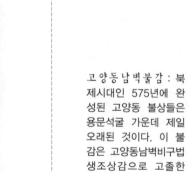

고양동남벽불감 : 북제시대인 575년에 완성된 고양동 불상들은 용문석굴 가운데 제일 오래된 것이다. 이 불감은 고양동남벽비구법생조상감으로 고졸한 맛을 준다.

봉선사 : 당나라 때 675년에 완성된 봉선사의 불상들은 크고
아름다운데 가운데의 비로자나불(높이 17.1m)은 그 중에서도
제일 아름답고 잘 만들었다.

만불동 : 용문석굴 가운데 불상조각이 가장 많은
곳이어서 만불동이라 한다. 만불동에는 크고 작
은 불상 1만5천여 개가 빼곡히 들어 있다.

가 봐야 하고, 장강(양자강)문화를 잘 이해하려면 중경·무한·남경·소주·항주·상해 등을 찾아가 봐야 한다. 그래야 빛깔과 성격이 다른 화북문화와 화중문화를 잘 이해할 수 있게 된다.

낙양에는 지금도 주나라 때의 왕성지(王城址), 한나라 때의 함곡관(函谷關), 서한벽화묘, 동한영대유지(靈台遺址), 동한때 세운 백마사(白馬寺), 동한 광무제원릉(光武帝原陵), 한·위·진나라 때의 태학유지(太學遺址), 북위시대의 영령사(永寧寺)유지, 망산의 여러 황릉(皇陵), 수·당시대의 동도성(東都城)유지, 당나라 때의 상청궁(上淸宮)유지, 북위·수·당시대의 용문석굴, 관림(關林 또는 關帝塚 즉 관운장사당) 등이 남아 있다. 물론 역사박물관·민속박물관·고묘박물관·고대예술관·모란공원·왕성공원·삼청공원 등도 있다.

따라서 낙양에 가서 이런 역사유지를 다 보려면 적어도 사나흘은 걸려야 하는데 오늘은 용문석굴 한 곳만 보기로 한다. 낙양시의 북쪽에는 황하, 남쪽에는 낙하(또는 洛水), 동남쪽에는 이하(또는 伊水)가 흐르는데 용문석굴은 이하의 서안 작은 돌산(龍門山)에 있다. 낙양 시내에서 12km지점이다. 지난해(2000년) 8월 15일 아침에 찾아갔을 때는 날씨가 청명하여 햇빛을 환하게 온몸 가득히 받고 있는 수많은 불상조각들을 보면서 얼마나 행복했는지 모른다. 장마끝이라 석굴(길이 1km의 석벽을 깊이 파 만든) 바로 앞을 흐르는 강물은 맑고 넉넉하고 빨라 나그네의 기쁨을 더해 주었다. 강 건너 동산(東山 또는 香山)도 더욱 아름다워 보였다. 그곳의 석굴사인 향산사(香山寺)도 보였다. 다시 말하면 강(이수) 동서쪽 낮은 돌산에는 유

219

봉선사 협시 보살 : 봉선사의 주불인 비로자나불 왼쪽에 서 있는 협시보살이다. 당
나라 때 불상양식(풍만하면서 화려 섬세한 조각양식)을 잘 보여주고 있다.

명한 석굴이 있다는 얘기다.

돈황석굴· 운강석굴과 함께 중국 3대 석굴 중의 하나인 용문석굴은 북위 효문제(北魏 孝文帝)가 낙양으로 천도(494)하면서부터 파기 시작하여 서위· 북제· 북주· 수· 당· 오대· 송까지 계속되었으니까 8백여 년간의 개착역사를 지니고 있다. 이 기간 동안 2천3백여 개의 석굴(또는 窟龕)을 팠고, 그 안에 10만여 구의 불상이 조각되었다. 이렇게 많은 불상 중 제일 큰 것은 17.1m(머리 4m, 귀 1.9m)이고, 제일 작은 것은 2cm이다. 또 석굴 안에 있는 불탑은 40여 좌(座)이고, 조상제기(造像題記)는 3천6백80품(品)이나 된다. 제기는 불상을 조각한 절대 연대와 고대서법예술을 알 수 있는 귀중한 자료가 된다. 이 모든 것들은 당시의 정치· 경제· 종교· 미술· 건축· 서법· 음악· 복식· 의약 등 많은 분야의 상황과 수준을 말해주고 있다.

용문석굴에는 중요한 동굴(洞窟)이 7곳 있다. 즉 잠계사· 빈양삼동· 만불동· 연화동· 봉선사· 약방동· 고양동(潛溪寺· 賓陽3洞· 萬佛洞· 蓮花洞· 奉先寺· 藥方洞· 古陽洞) 등이다. 이 가운데 북위시대에 판 것은 고양동· 빈양중동· 연화동 등이고, 당시대에 판 것은 봉선사· 만불동· 잠계사 등이다. 이들을 좀더 자세히 살펴보면 다음과 같다.

잠계동은 용문의 북쪽 끝에 있는데 당 정관(貞觀)15년(641)부터 파기 시작했다. 굴의 높이는 9.3m, 폭은 9.5m, 깊이는 6.6m이고, 주불(主佛)은 아미타불이다. 좌우에는 제자상· 보살상· 천왕상이 둘씩 있다. 불상은 모두 얼굴은 풍만하고, 가슴은 불룩하며, 옷은 화려하다. 따라서 초당불상양식을 다 갖췄다.

빈양삼동(中洞·北洞·南洞)은 용문석굴 중 가장 저명한 동굴이다. 특히 중동은 북위 경명원년(500)부터 시작하여 정광4년(523)까지 24년간에 걸쳐 개착한 것으로 용문석굴 가운데 제일 오랫동안 팠고, 제일 힘들었고, 제일 화려한 석굴이다. 본존은 석가모니불인데 높이가 8.4m다. 얼굴은 준수하고, 코는 높고, 눈은 크다. 1불2보살 형식이다. 빈양북동은 당시대 것이고, 빈양남동은 북위시대에 시작하여 수시대에 완공된 석굴이다.

만불동은 용문산의 서남부에 있는데 굴 안은 네모났고, 천정은 평평한 방형평정형(方形平頂型)이다. 천정의 중앙에는 커다란 연꽃이 새겨져 있고, 벽에는 수많은 존상(1만5천이라고도 한다)이 새겨져 있어 만불동이라 하였다. 이 만불동 벽에는 불상·연화·음악인·악기·무용수 등이 있어 당대 예술의 진품(珍品)이라고 한다.

연화동은 석굴 천정에 커다란 연화가 있어서 생긴 말이다. 북위시대 작품인데 주존은 석가모니불이다. 협시보살은 문수와 보현이다. 불과 보살 사이에는 아난과 가섭 두 제자도 서 있다.

봉선사는 용문산 서쪽 제일 높은 곳에 있다. 당 고종 함령 3년(672)부터 4년간 판 걸작이다. 본존인 비로자나불의 높이는 17.14m나 되면서도 얼굴은 풍만 수려하고, 자태는 단정하며, 옷주름은 간결 유창하다. 따라서 형신(形神)을 겸비했다는 말을 듣고 있다. 본존불 양쪽의 보살과 제자들의 보관과 옷은 화려 섬세하여 성당(盛唐)불상조각양식을 잘 보여주고 있다. 무측천황후가 화장품값 수만관을 들여 팠다고 하는데 본존불의 얼굴모습이 그녀를 닮았다고 전

경선사 외경 : 필자가 이 경선사를 보았을 때 불국사 석굴암이 생각나서 깜짝 놀랐다. 문 양쪽의 금강 역사가 어쩌면 그렇게도 닮았던지….

한다.

약방동은 봉선사의 남쪽에 있는데 굴 안에 북제(北齊)시대의 1백 40여 개의 약방(藥方)이 새겨졌기 때문에 생긴 이름이다. 주요 명칭은 반위방·심통방·소갈방·귀어방(反胃方·心痛方·消渴方·鬼語方) 등이다. 모두 중국 의약학(醫藥學) 연구에 귀중한 자료가 되고 있다.

고양동은 북위 태화19년(495)부터 북제 무평6년(575)까지 판 것인데 용문석굴 가운데 가장 일찍 개착된 것 중 하나인 셈이다. 굴안의 양쪽 벽에는 세 줄로 늘어서 있는 불감(佛龕)이 있다. 조각은 섬세하면서 화려 다채롭다. 북위시대 조각·회화·서법·건축 등 예술의 극치를 보여주고 있다. 소위 용문20품 가운데 19품(品)이 이곳에 있기 때문에 한중일 세 나라의 서예가들은 꼭 찾아보는 곳이 되었다.

용문석굴에서 강(伊水) 건너 동쪽산(香山)에 있는 석굴(看經寺·鼓台·万佛溝 등)도 북위·수·당시대 것이지만 용문석굴보다는 인기가 낮아서 찾는 사람도 많지 않다.

2000년 현재 낙양시의 인구는 6백만 명이다. 북경·성도·대련·광주·심천·서안·중경 등지에서 비행기로 갈 수 있고, 기차로도 갈 수 있다.

남 기 는 말

한 송이 탐스러운 국화꽃을 피우기 위하여는 봄부터 소쩍새는 우짖어야 하고, 여름엔 햇볕과 비가 많아야 하고, 가을엔 싸늘한 날씨가 계속되어야 한다. 사람이 창조적 작업인 한 권의 책을 쓰기 위하여는 어릴 때부터 남다른 노력과 열정이 있어야 하고 자기 전문분야에 대한 탁월한 정보와 지식이 있어야 한다. 그래야만 좋은 글을 쓸 수 있는 것이다.

이 책(중국문화유산기행)을 다 쓰고 난 지금 필자의 심정은 대장정이었던 중국여행을 끝낸 심정이 아니라 다시 시작하는 심정이다. 힘든 여행이었고 글쓰기였지만 또 한번 하고 싶다. 중국은 그만큼 크고 넓고 매력적이기 때문이다. 그야말로 가도 가도 끝이 없고, 보고 또 봐도 한이 없다.

세상은 혼자 사는 것이 아니고 이웃과 함께 사는 것이며, 나라는 혼자 존재할 수 있는 것이 아니라 이웃나라와 함께 공존하는 것이다. 공존하면서도 서로 돕고 경쟁하는 것이니까 이웃나라를 잘 알고 이해해야 공존도 가능하고 경쟁에서도 이길 수 있는 것이다.

중국과 한국은 운명적인 이웃나라이기 때문에 형제나라로서, 대소국가로서, 입술과 이로서 수천 년을 함께 살아왔다. 살아오면서 싸우기도 했고, 화해하기도 했다. 그럴 때마다 두 나라 사람들은 문제를 슬기롭게 해결했고, 선린관계를 더욱 튼튼히 유지하였다.

필자는 그동안의 지식과 경험을 바탕으로 하여 새롭게 빠르게 힘차게 변화 발전하는 중국을 동서남북 가리지 않고 직접 찾아가 보고 연구하였기 때문에 살아 있는 글, 기운이 넘치는 글, 보람과 재미가 넘치는 글을 쓸 수 있었다고 믿는다. 이런 믿음은 조금도 흔들

리지 않는데 일반 독자, 특히 문화유산에 흥미를 가지고 있는 독자에게 어떤 반응을 불러일으킬까는 궁금하다. 그러면서도 재미있고 보람있는 책이라는 말을 듣고 싶다.

많은 가르침과 바로잡음을 기다린다. 필자보다 훨씬 많이 알고 많은 경험을 가지고 있으면서, 또 틀린 곳을 잘 찾아내는 독자가 있다고 생각하기 때문이다.

독자들의, 중국여행을 할 독자들의, 중국여행을 마친 독자들의 건강과 행운을 빌면서 이만 줄인다.

2001년 2월 12일
가평의 대나무가 있는 집에서

상백 허영환 씀

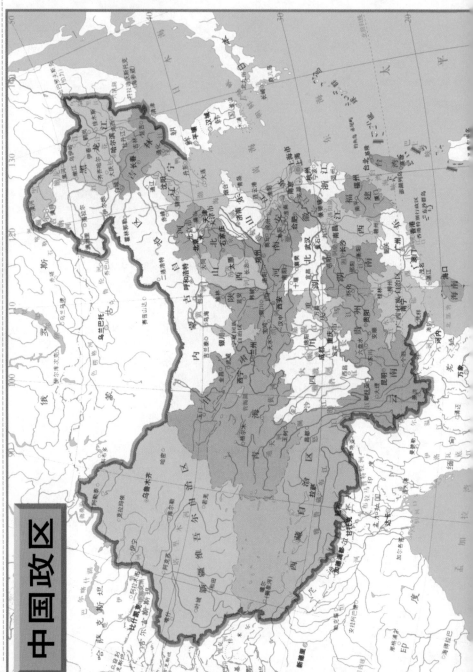

中国政区

全国行政区划统计表

（截至1998年9月底）

省级	直辖市 4	省 23	自治区 5	特别行政区 1		

级别	类型	…	合计
地级	地区		30
	自治州		71
	盟		8
	市		229
	小计		**338**
县级	市		442
	县		1536
	自治县		117
	旗		49
	自治旗		3
	特区		3
	林区		1
	小计		**2151**

省级行政单位简称：京　津　冀　晋　内蒙古　辽　吉　黑　沪　苏　浙　皖　闽　赣　鲁　豫　鄂　湘　粤　桂　琼　渝　川　黔　滇　藏　陕　甘　青　宁　新　港　台

图　例

★ 我国首都
◎ 外国首都和首府
○ 省级行政中心
○ 城镇（外国市、镇）

比例尺　1 : 25 000 000

250　0　250　500　750千米

印度洋

부록 2

중국의 세계문화유산목록

1. **명 · 청대궁전 : 자금성**(Imperial Palace of the Ming and Qing Dynasties : 문화, 1987)

2. **주구점의 북경원인유적**(Beijing Man Site at Zhoukoudian : 문화, 1987)

3. **태산**(Mount Taishan : 복합,1987)

4. **만리장성**(The Great Wall : 문화,1987)

5. **진시황릉과 병마용갱**(Mausoleum of the First Qin Emperor : 문화,1987)

6. **돈황의 막고굴**(Mogao Caves : 문화,1987)

7. **황산**(Huang Shan : 복합,1990)

8. **무릉원의 자연경관 및 역사지구**(Wulingyuan Area : 자연,1992)

9. **구채구 자연경관 및 역사지구**(Jiuzhaigou Valley Area : 자연, 1992)

10. **황룡계곡**(Huanglong Area : 자연, 1992)

11. **승덕피서산장**(The Mountain Resort and its Outlying Temples in Chengde : 문화, 1994)

12. **라사의 포탈라 궁**(The Potala Palace of Lhasa : 문화, 1994)

13. **곡부의 공자 유적**(Temple and Cemetery of Confucius, the Kong Family Mansion in Qufu : 문화, 1994)

14. **무당산의 고대 건축물군**(Ancient Building Complex in the Wudang Mountains : 문화, 1994)

15. **여산 국립공원**(Lushan National Park : 문화, 1996)

16. **아미산과 낙산 대불**(Mt. Emei and Leshan Giant Buddha : 복합, 1996)

17. **평요고성**(The Ancient City of Ping Yao : 문화, 1997)

18. **소주 전통정원**(The Classical Gardens of Suzhou : 문화, 1997)

19. **여강고성**(The Old Town of Lijiang : 문화, 1997)

20. **이화원**(Summer Palace and Imperial Garden in Beijing: 문화, 1998)

21. **천단**(Temple of Heaven: 문화, 1998)

22. **무이산**(Mount Wuyi: 복합, 1999)

23. **대족석각**(The Dazu Rock Carvings : 문화, 1999)

231